Les relations humaines
humaines
Alors… Heureux ?

Éditions d'Organisation
Groupe Eyrolles
61, bd Saint-Germain
75240 Paris cedex 05

www.editions-organisation.com
www.editions-eyrolles.com

Les chroniques publiées dans cet ouvrages sont parues sur le site rhinfo.com

rhinfo.com

Maurice Thévenet

Les relations humaines
Alors... Heureux ?

EYROLLES

Éditions d'Organisation

Maurice Thévenet

Les relations humaines au travail
Alors, heureux ?

EYROLLES

Éditions d'Organisation

Sommaire

Introduction

Les « relations humaines » et le « travail » relèvent pour certains de l'oxymore. Ils associent, au premier groupe de termes, la transparence, la sérénité, le respect et le développement qui caractérisent normalement les relations portant cet adjectif. Quant au second, il évoque la torture, la contrainte, les jeux plus ou moins malsains de domination de l'un sur l'autre. Les rapprocher s'apparente alors à une naïveté de magazine pour midinettes au travail.

Cependant, le travail, dans la plupart de ses formes, constitue bien un lieu de relations humaines. Celles-ci, chacun le reconnaîtra pour lui-même, apportent le pire et le meilleur. Elles ressemblent même dans leur variété, dans la large palette des sentiments produits et des satisfactions ou insatisfactions générées, dans leur originalité et leur imprévisibilité, à toutes celles que l'on peut vivre dans la famille, les copropriétés, les partis politiques ou lorsque l'on pratique un sport. Elles constituent simplement une dimension essentielle de l'expérience de chacun au travail. Il est donc pertinent de les évoquer.

Cependant, cet ouvrage n'est ni un livre de management ni une série de conseils pour mieux faire fonctionner les entreprises. Il ne présente pas les dernières découvertes supposées sur le fonctionnement d'organisations modèles qui donneraient finalement la clé de la performance économique au moindre effort. Il ne s'adresse pas à l'apprenti manager, persuadé qu'il y aura deux époques dans l'histoire du management : avant et après lui. Il ne fait pas la leçon aux managers qui ont tendance, de nos jours, à devoir prendre sur leurs épaules tout le poids de l'efficacité des entreprises, du bonheur des gens, de la prospérité économique et d'une responsabilité sans fin que personne d'autre ne veut assumer.

L'ouvrage s'adresse plutôt à chacun de nous dans la part professionnelle de son existence : le travail est un lieu de relations qui ne sont pas plus faciles ou plus difficiles qu'ailleurs. Nous y sommes partie prenante, c'est-à-dire que nous les subissons autant que nous y sommes les acteurs et les responsables. Au travail comme ailleurs, chacun a sa part de responsabilité dans la qualité de ses relations. On ne peut se laisser lâchement aller à reprocher uniquement aux autres les difficultés relationnelles et les insatisfactions qu'elles engendrent. C'est un domaine dans lequel chacun doit agir, sans attendre d'amélioration des outils, du système ou de la hiérarchie désincarnée. Enfin, c'est enfin un lieu de limitation : les relations parfaites n'existent pas au travail, pas plus qu'ailleurs. Là aussi, on se trouve parfois confronté à l'impensable, aux limites de ce que l'on peut faire, au mystère de l'autre qui caractérise le «vivre ensemble».

Les relations humaines au centre du travail

Dans certaines entreprises, le «RH» a changé de signification en passant de «ressources humaines» à «relations humaines». Cette constatation reconnaît sans doute l'importance des relations humaines dans le travail. Dans de nombreux métiers, elles sont une part centrale de l'activité. C'est le cas dans les métiers de service où la qualité perçue de la prestation achetée réside grandement dans la qualité de la relation avec le «personnel en contact». C'est aussi le cas de toutes les professions de santé où l'on admire certes la performance technique dans l'art de soigner, mais aussi la qualité de la relation d'un médecin ou d'un soignant qui ne réduirait pas le malade à l'organe défectueux. Les spécialistes de la relation de service connaissent l'importance de la relation. Ils se confrontent aux difficultés de recrutement, de formation et de contrôle de l'activité au quotidien, pour essayer de maintenir et de développer une «relation humaine» qui fait partie de ce qu'ils vendent. Ils constatent que les chartes, les check-lists, les formations comportementales ont leur intérêt, mais leurs limites également. L'expérience des prestataires de centres d'appel le montre bien : on commence par se laisser fasciner par le faible coût du travail, avant de s'apercevoir que le manque de qualité de la relation entre l'opérateur et son client lointain vous casse une réputation en moins de temps qu'il ne faut pour le dire. Tout le monde est convaincu de l'importance de la qualité de service, du moins comme consommateur. Cependant, les entreprises ont du mal à vraiment y travailler. Elles cherchent des systèmes qui ne la leur donneront jamais, ou bien elles butent devant l'incapacité, ou le manque de motivation, des agents à investir d'eux-mêmes dans cet aspect de leur travail.

Les relations humaines ne constituent pas uniquement une partie de ce qui est «produit», c'est aussi une caractéristique majeure du mode de travail. Certes il existe le travail parfois solitaire de l'artisan ou du professionnel, seul face à sa machine, au matériau ou à la planche à dessin, mais c'est de plus en plus une image d'Épinal. Quels que soient les statuts de ceux qui travaillent, l'activité se fait toujours avec une certaine dose de partenariat, aussi bien dans le bâtiment que dans la recherche ou dans le développement. La plupart du temps, la personne s'inscrit dans des organisations de plus en plus complexes où elle interagit avec une hiérarchie, mais surtout des collègues, des partenaires, dans le cadre d'un projet ou d'une opération. Les organisations sont d'ailleurs devenues tellement complexes, que le lien structurel ne suffit plus à cadrer les relations humaines avec des statuts, des positions ou des places. Tout va donc se jouer dans l'interaction des personnes qui n'ont que leur personnalité et leur définition de fonction, comme armure, pour être en relation avec l'autre et atteindre l'objectif de production. Le travail est donc une situation où la personne se retrouve seule avec une multitude d'ajustements personnels à assumer, de sa propre initiative, pour que tout se fasse.

Mieux encore, de bonnes relations sont souvent la condition même de l'efficacité des modes opératoires. On le voit dès que l'on veut réguler l'activité. On met en place des indicateurs de performance pour qu'ils influencent les comportements des opérateurs : une quantité vendue, la marge, des indicateurs de qualité. Évidemment, tous ces indicateurs produisent toujours leurs effets pervers : à trop vouloir les atteindre on en oublie l'objectif de performance qu'ils étaient censés aider à atteindre. Dans le commerce de détail, on veut faire à la fois du chiffre d'affaires, de la marge et de la qualité de relation avec les clients. Les indicateurs ne suffisent pas à résoudre cette quadrature du cercle. Le plus souvent, c'est la qualité de la relation managériale et des rapports entre collègues de travail qui permet à chacun de manier ces indicateurs dans leur lettre, mais surtout dans leur esprit de manière à en éviter les effets pervers.

Confirmant ces constats de bon sens, la théorie a confirmé l'intuition selon laquelle de bonnes relations humaines sont un facteur de performance. En nous intéressant, il y a quelques années, au problème de l'absentéisme, on pouvait constater que de très nombreuses mesures avaient été imaginées pour essayer de contrer ce dysfonctionnement. Toutes avaient généralement des effets très positifs, mais peu pérennes. Les seules mesures efficaces à plus long terme avaient la particularité d'avoir été élaborées et mises en œuvre de manière participative. Il ne s'agissait assurément pas, comme on l'a cru parfois, de l'effet magique d'une participation imposée, mais plutôt de l'effet de relations humaines de qualité qui permettaient aux acteurs de construire des modalités de fonctionnement collectif efficace. De bonnes relations permettent aux acteurs de fonctionner sur le mode de la promesse[1] : on promet à l'autre, on tient sa promesse et on attend qu'il en soit de même pour l'autre. Mais ces relations ne se décrètent pas, elles se construisent.

Les relations humaines ne sont pas uniquement un facteur de performance, elles constituent également la part prépondérante de l'expérience de travail de chacun. Une fois n'est pas coutume, un professeur de gestion des ressources humaines[2] a publié un ouvrage très intéressant sur son expérience de 14 mois dans plusieurs restaurants de type « *fast food* » aux États-Unis. Il décrit les moments forts de son expérience et, parmi ceux-ci, le stress que représente, à la caisse, la confrontation aux clients aux heures de grande affluence. On sous-estime la difficulté de beaucoup dans les relations humaines au travail. Les situations de service à l'hôpital, dans les transports publics, dans les centres d'appel ou aux guichets

---

[1] Sull D. N., Spinosa C., « Promise-based Management », *Harvard Business Review*, April 2007, pp. 79-86.
[2] Newman J. M., *My Secret Life on the McJob : Lessons from Behind the Counter Guaranteed to Supersize any Management Style*, McGraw Hill, December 2006.

de l'administration constituent une expérience forte, même en dehors des cas où les personnes en contact se font agresser, injurier, mépriser par l'usager ou le client qui se permet ce qu'il ne supporterait pas lui-même en situation de producteur. Au point qu'un autre professeur, auteur d'un ouvrage à succès, propose, comme test de sélection, d'observer comment les candidats se comportent avec les autres, tout spécialement ceux qui ont moins de pouvoir qu'eux[3].

La meilleure preuve que les relations constituent souvent la part prépondérante de l'expérience de travail, c'est que ce sont les problèmes relationnels qui empêchent le plus souvent de dormir. On les ressasse sans fin, ils vous polluent le quotidien. Ne pas s'entendre avec un collègue, douter de l'un, se méfier de l'autre, épier ses moindres gestes dans l'espoir d'un signe, dans la crainte d'une menace ou d'une action désobligeante, c'est souvent ce qui rend la vie au travail insupportable. Quand on se rappelle des moments de bonheur au travail, c'est aussi la qualité des relations qui en fait l'essentiel. Il est rare qu'une faible rémunération empêche de dormir ; on s'y est habitué. Ce n'est en revanche pas le cas des difficultés relationnelles dans une équipe, avec des collègues, des clients ou des supérieurs.

En effet, les relations humaines correspondent à un besoin. Tous les théoriciens de la motivation l'ont repéré. Chacun ne le satisfait pas de la même manière, avec le même style de relations, ni avec les mêmes compétences. Bien entendu, tous les compartiments de l'existence peuvent constituer un terrain de satisfaction de ce

---

3   Sutton R., *The No Asshole Rule*, Warner Books, New York, 2007. D'après Google, par « asshole », il faut entendre « abruti ». Les autres dictionnaires ont une traduction plus littérale du terme.

besoin. Par exemple, on remarque[4] que pour des jeunes, dont la dimension principale de l'existence est la vie relationnelle, c'est souvent la qualité de cette dernière qui constitue le point de départ d'un processus d'implication dans le travail.

L'illusion de vouloir éliminer les problèmes de relations humaines ?

Caractéristique importante de l'efficacité - dimension centrale de l'expérience de travail - les relations humaines sont souvent une source d'ennuis, de problèmes ou de souffrances. Les instants de bonheur sont perdus dans de trop nombreux moments de difficultés. Si les relations au travail sont si difficiles, c'est sans doute parce qu'on les aborde en rêvant. C'est le manque de réalisme qui conduit aux déceptions, ou encore la difficulté à aborder ces relations pour ce qu'elles sont et non pour ce que l'on voudrait qu'elles soient. Trois rêves, ou illusions, peuvent au moins être repérés.

La première illusion est de penser qu'il est possible d'éliminer les problèmes de relations humaines. Il n'est pas toujours facile d'expérimenter de bonnes relations humaines, mais on imagine que les forces du management sauront les contenir, les dépasser. Illusion orgueilleuse sans doute, comme à chaque fois que la fièvre technocratique tend à oublier les modestes réalités humaines et sociales qui régissent les relations en entreprise. Cette illusion prend deux formes principales. La première consiste à considérer que le travail est bien trop sérieux pour devoir supporter les banales perversités

---

4   Thévenet M., *Le Plaisir de Travailler*, Éditions d'Organisation, 2000.

des relations humaines. Il devrait donc être une sorte de piscine dans laquelle on entre en apnée, en faisant les mouvements nécessaires à la production, sans avoir à supporter la respiration des relations humaines. Les personnes n'existeraient qu'à travers leur rôle, leur fonction, leurs objectifs. Tout se passerait comme si ces robots désincarnés et sans émotion pouvaient assumer toutes leurs activités en faisant l'économie des relations. Il faut dire que certaines organisations de travail pourraient presque le laisser croire. Aujourd'hui, par exemple, l'image que l'on a d'une compagnie d'assurances moderne s'inscrit parfaitement dans cette constatation. On s'imagine en effet d'immenses plateaux de bureaux peuplés d'agents aux yeux rivés sur l'écran de leur ordinateur, sans contact apparent avec quiconque...

La deuxième forme, que revêt cette illusion de l'élimination, renvoie au rêve des outils : on imagine que des *process* bien construits et de bonnes procédures peuvent maîtriser les aléas des relations humaines, voire les éviter. Par exemple, on s'imagine que les descriptions de fonction, les argumentaires-types ou les réponses préparées d'avance sont suffisantes pour cadrer l'interaction avec le client ou l'usager. Cette illusion est donc celle de la maîtrise. Les problèmes relationnels seraient réservés aux familles, aux réunions de copropriétaires et aux groupes d'adolescents, mais l'entreprise prétend les avoir dépassés, en rassemblant des adultes rationnels autour d'un objectif commun. Mieux encore, on pense partager, dans certaines organisations, plus qu'une activité commune. Cela a été le cas des jeunes entreprises rapidement nées et disparues au moment de la bulle Internet. Les jeunes qui les composaient ne pouvaient que bien s'entendre et renouveler les entreprises anciennes, engluées dans un management ancien. Des ingénieurs de la même

4

école, des salariés du même village devraient forcément bien s'entendre. Bien entendu, le partage de références communes facilite toujours les relations, mais ne suffit pas à supprimer la question des relations dans le travail.

L'illusion de la maîtrise prend une autre forme, sans doute liée à une approche trop simpliste de théories du management mal comprises. C'est ce que nous avons appelé le «leurre de la gentillesse[5]». On croit parfois que la gentillesse suffit à créer de bonnes relations et à en assurer la pérennité. Les formations au management ont parfois terrorisé leurs sujets en leur demandant d'être à l'écoute, avec le sourire, dans la disponibilité, comme si cela suffisait, comme si cela pouvait s'imposer. Il est certainement plus agréable de fonctionner dans ce contexte, mais les relations humaines sont rugueuses, changeantes, imprévisibles et en aucune manière elles ne s'assimilent à quelques «Codes Relationnels Superficiels» (les fameux CRS) que chacun pourrait s'imposer.

La troisième illusion est celle de l'extraterritorialité. Nous utilisons cette métaphore pour traduire cette impression selon laquelle les relations humaines au travail seraient d'un autre ordre. Comme si finalement elles ne tombaient pas dans les mêmes catégories que les autres formes de relations humaines. Finalement, au travail aussi, il y a de l'amour et de la haine, de la séduction, de la manipulation, de l'aide, de la générosité, de l'écoute, de la domination, etc. On ne peut faire confiance ni plus ni moins qu'ailleurs. Vous y trouvez à peu près autant de caractériels, de dominateurs et de pervers, mais aussi de gens formidables. La délinquance n'est pas réduite à certaines catégories de personnes, elle se retrouve aussi au travail, quel-

---

5 Thévenet M., *Quand les petits chefs deviendront grands*, Éditions d'Organisation, 2004.

les que soient les catégories de personnes dont il s'agit. Finalement, les relations au travail sont des relations comme les autres et il n'est que les naïfs ou les idéologues à mettre sur le compte du mode de production ou du système économique les perversions des relations humaines au travail. Et comme ces relations sont banales dans leur importance et dans leur réalité, il faut les aborder avec le bon sens qui convient, plutôt qu'avec les velléités de maîtrise managériale qui s'avèrent si souvent inutiles.

Quelques principes en matière de relations humaines

Ainsi, trois principes devraient être retenus en matière de relations humaines.

Premièrement, les relations humaines constituent un lieu de développement. Le développement personnel est devenu une catégorie fondamentale de l'anthropologie actuelle. Il suffit pour cela de regarder l'importance des rayons de librairies consacrés à ce sujet pour s'en convaincre. Il faut se développer, c'est presque une injonction. Certains considèrent même que c'est le rôle des entreprises et du travail d'y contribuer. À force d'insister sur l'adjectif du développement personnel, on en oublierait presque que les relations en constituent un facteur important. C'est dans, avec ou par les relations humaines que l'on se développe. Et le travail, qui constitue une expérience de vie importante, représente donc aussi un lieu de développement. Nos études montrent un lien entre la qualité des relations humaines et l'implication dans le travail, ce qui peut donc être considéré comme un facteur de performance. Mais un lien existe aussi avec la satisfaction des personnes : le fait est qu'ils retirent de leur expérience professionnelle une satisfaction et un enrichissement personnel. Les relations humaines sont un lieu de développement et cela concerne tout le monde ; aussi bien les managers et les entreprises qui font ce qu'elles veulent mais ne peuvent faire l'impasse sur cet état de fait. Il est inutile de se lamenter sur la santé au travail, qui devient l'un des très gros enjeux de la gestion des ressources humaines, en ne voyant comme action possible que des mesures individuelles. Évidemment la qualité des relations humaines ne constitue pas un thème de revendications. On a rarement vu des salariés manifester pour de meilleures relations au travail ; ce n'est pas pour cette raison que les organisations, quel que soit leur niveau, ne devraient pas investir sur le sujet.

De la même manière, si tous ceux qui n'ont comme unique ligne d'horizon que leur développement personnel donnaient un peu plus d'importance à la qualité des relations humaines autour d'eux, ils s'en trouveraient non seulement mieux, mais aussi sans doute leur entourage immédiat.

Deuxièmement, il faut considérer que les relations humaines sont aussi un lieu d'apprentissage. On peut apprendre à conduire des relations meilleures. Comme dans le sport, certains sont plus doués que d'autres, mais on peut toujours apprendre à être meilleur, ou moins mauvais. Il est frappant de voir comment on a souvent une attitude magique vis-à-vis des relations : elles devraient être bonnes, les autres devraient se comporter d'une certaine manière, on serait soi-même plus ou moins bon, comme si la qualité des relations humaines était de l'ordre du don. On déplore une mauvaise ambiance de travail, des collègues inintéressants et mesquins, un supérieur caractériel. On se plaint du manque de transparence et du manque de respect. Mais les relations humaines ne tiennent pas de la magie, elles procèdent plutôt d'un apprentissage. Certes les doués existent mais la plupart doivent apprendre à développer de meilleures relations humaines. Cela ne s'apprend pas dans les livres, comme cela ne résulte pas de bonnes résolutions ou de l'auto-persuasion. On apprend généralement les relations dans toutes les collectivités auxquelles on a pu appartenir : la famille, l'école, les groupes sportifs, les associations, etc. On apprend en se confrontant aux situations, en les réfléchissant. On apprend enfin en sortant de sa propre bulle pour mieux approcher les termes de l'échange que constitue la relation, voire même du long processus de dons et contre-dons qui fonde les relations humaines les plus importantes. La personne est un être social, comme un coureur à pied : on vit forcément en relation comme on court. On peut apprendre à courir mieux ou plus vite, on peut aussi apprendre à développer des relations plus ou moins riches.

Troisièmement, si la question des relations humaines ne relève pas d'un ouvrage de management, c'est qu'elle est l'affaire de tous. En management, on dit aux managers et aux organisateurs comment ils doivent faire. En matière de relations humaines, on s'adresse à tout le monde, à tous ceux qui travaillent, puisque la qualité des relations humaines est l'affaire de tous. Impossible de se retirer sur son Aventin pour accuser les autres ou exiger d'eux que les relations s'améliorent. Impossible d'en faire la revendication aux autorités. Les relations humaines sont l'affaire de tous. Bien entendu, les managers ne peuvent pas se réfugier derrière leurs objectifs et leurs procédures pour ne pas s'y investir, même s'ils n'apprécient pas les relations humaines dans leur travail. Les salariés ne peuvent attendre de l'organisation qu'elle leur apporte sur un plateau des relations humaines satisfaisantes. Ils en sont aussi responsables. Il est vrai que cela ne va pas de soi dans une société de club de vacances où l'on achète du bon temps organisé, dans une société de cellule psychologique où des professionnels semblent devoir prendre en charge le bien-être psychologique de chacun dès que quelque chose ne tourne pas rond, dans une société de zapping associatif où les appartenances sont tellement nombreuses que l'on ne s'investit plus nulle part, dans une société de réseau où le *chat* à distance, le pseudo, l'écran et l'absence de lien empêchent la relation, à force de vouloir protéger la personne.

Auto-diagnostic

Enfin un questionnaire sans bonnes ni mauvaises réponses, mais seulement les vôtres. Seize questions vous sont proposées. Même si toutes les réponses sont légitimes, et probablement pertinentes dans certaines situations, il vous est simplement demandé d'indiquer de laquelle vous vous sentez le plus proche.

Avant de commencer la lecture de l'ouvrage, cela vous permettra de faire vous-même un diagnostic sur la manière dont vous abordez les relations humaines au travail. À la fin de la lecture, ou dans quelques mois, en retrouvant l'ouvrage dans la pile de ceux que l'on a mis de côté, vous pourrez vérifier si vous répondriez encore la même chose.

Pour chaque question ci-après, de laquelle des propositions vous sentez-vous le plus proche?

---

1. Les RH devraient vouloir dire :

a. Les ressources humaines.

b. Les relations humaines.

c. Return on Human Affairs.

2. Une journée de travail vaut le réveil matin quand :

a. Elle est courte.

b. Elle vous a donné l'occasion de relations intéressantes.

c. Vous n'avez pas rencontré d'incidents.

3. Pour vous, les relations humaines au travail sont :

a. Comme toutes les autres relations en dehors du travail.

b. Très particulières et ne peuvent être assimilées aux relations «normales».

c. Un domaine de technicité comme les autres que le manager doit maîtriser.

4. **Quelle dimension vous paraît-elle la plus appropriée pour évaluer les relations humaines au travail ?**

    a. Satisfaisantes/insatisfaisantes.

    b. Aident/n'aident pas.

    c. Permettent de me développer ou pas.

5. **Les relations humaines sont pour vous un domaine :**

    a. Dans lequel vous investissez.

    b. Que vous subissez.

    c. Que vous gérez.

6. **Dans votre busines, les relations humaines sont :**

    a. Un facteur d'efficacité accrue.

    b. Un souci pour les managers.

    c. Une affaire privée.

    d. Un enjeu majeur pour la DRH.

    e. Une partie de ce qui est vendu.

7. **Diriez-vous qu'il est préférable, dans les relations humaines au travail :**

    a. De savoir toujours garder une distance prudente.

b. De faire confiance aux personnes.

c. De maintenir toujours une grande authenticité.

8. Les relations humaines sont un facteur de stress :

a. Parce qu'on ne sait jamais exactement comment faire.

b. Parce qu'il y en a trop à gérer en même temps.

c. Parce qu'il y a toujours trop d'émotionnel.

9. Les problèmes de relations humaines vous empêchent-ils de dormir ?

a. Jamais.

b. Parfois.

c. Très souvent.

10. Dans votre travail, les relations humaines :

a. Comptent pour votre réussite.

b. Constituent une lourde charge.

c. Sont une grande source de satisfaction.

11. Avec quoi êtes-vous le plus d'accord ?

a. Les *process* doivent permettre d'être moins dépendants de la qualité des relations.

b. La qualité des relations doit faciliter et aider l'efficacité des *process*.

c. De bonnes relations humaines devraient permettre de se passer de bien des *process*.

12. Vous avez le plus de facilité et de plaisir dans vos relations avec :

a. Les collègues.

b. Les collaborateurs.

c. Vos supérieurs.

d. Les clients, les fournisseurs ou autres relations professionnelles de ce type.

13. Selon vous, les relations humaines :

a. Sont un don.

b. Cela s'apprend.

c. Cela vient avec la maturité.

14. Quand vous vous rappelez des moments importants de votre carrière professionnelle, diriez-vous que la qualité des relations humaines y a participé ?

a. Jamais.

b. Parfois.

c. Toujours.

15. Avez-vous parfois l'impression que, dans les relations au quotidien :

a. Les autres se trompent souvent sur vos intentions.

b. Vous avez de la difficulté à dire vos intentions et vos sentiments.

c. Il n'y a que les faits et les actions qui comptent.

16. En matière de relations humaines, j'ai le plus de difficulté à :

a. Dire aux gens ce que je pense d'eux.

b. Dire ce que je pense vraiment.

c. Maintenir de bonnes relations à long terme.

Le stress des relations humaines

Le stress est maintenant une question très sérieuse, prise en charge par des spécialistes, même des médecins. Les entreprises s'en occupent aussi car elles se doutent qu'il s'agit là d'un sujet important concernant la qualité de vie au travail. Les magazines d'affaires sondent régulièrement le niveau de stress des salariés et un certain consensus s'établit pour dire que les organisations de travail généreraient plus de stress, qu'il constituerait un problème pour les salariés. Certains mêmes se demandent si le stress n'a pas accompagné la diminution du temps de travail.

Le stress constitue sans conteste une expérience pour chacun d'entre nous. La pression des horaires, de la production, des clients, des supérieurs et des collaborateurs, des actionnaires, des résultats et des délais à tenir, tout cela concourt à un sentiment de stress qui est parfois devenu un moyen simple et raccourci de décrire le mal-être au travail. C'est une notion tellement universelle qu'elle est claire pour tout le monde. Il n'est cependant pas certain qu'elle signifie la même chose pour tout le monde. Le stress fait partie de l'existence et il existe même de nombreuses situations dans lesquelles rien ne pourrait se faire en son absence : on n'imagine pas le sport, et même les relations interpersonnelles, sans un minimum de stress ; on n'imagine encore moins la performance artistique d'un interprète à l'opéra ou au théâtre. Il existerait donc un stress positif qui stimule l'action et un stress négatif qui inhibe et fait souffrir.

Ceux qui étudient ce réflexe psychophysiologique s'intéressent aux réactions du corps et au processus de développement du stress avec ses conséquences sur la santé. D'autres cherchent les facteurs « stressogènes » : on retrouve cette approche dans certains questionnaires d'autodiagnostic. On peut aussi avoir une démarche plus psychologique en examinant les ressorts de la personnalité générateurs de stress. Certains sont plus ou moins stressés devant les petites frustrations de l'existence, tolèrent plus ou moins l'échec ou sont plus ou moins tendus dans leur recherche de l'estime des autres. Ainsi dans des situations comparables, chacun ne réagirait pas avec le même degré de stress.

Quand une notion devient aussi commune, associée parfois trop rapidement au mal absolu, il est difficile de l'aborder sans avoir préalablement défini sa propre approche du phénomène. Le bon côté c'est que le stress est tellement clair pour chacun, qu'il devient un indicateur de ses conditions de travail personnelles. À un échantillon de 545 cadres d'une compagnie d'assurances, nous avons demandé s'ils se trouvaient peu ou beaucoup stressés dans leur travail. La question était posée de manière aussi vague, non pour savoir quel était leur degré de stress réel, mais plutôt pour déterminer leur perception du niveau de stress vécu au travail. Il ne s'agit donc que d'une perception et nous ne savons pas si ce stress est ressenti de manière positive ou négative, voire s'il a des effets bénéfiques ou néfastes pour l'entreprise ou pour la personne. L'intérêt de l'échantillon est de comprendre une population très homogène de cadres «encadrants» de la même entreprise à un moment donné.

La première question posée concerne la perception générale du travail liée à ce sentiment de stress. Ceux qui déclarent le plus de stress sont les moins impliqués dans l'entreprise et les plus engagés dans leur famille et dans une vie personnelle (hors travail et famille). Le travail n'est pas pour eux un moyen de valorisation personnelle auprès de leur entourage et, plus globalement, à l'extérieur de l'entreprise. Ce sont plutôt des femmes, et leur conjoint travaille.

Ceux qui déclarent également ressentir le plus de stress sont les moins satisfaits globalement de leur travail. Plus particulièrement, ils y trouvent peu d'épanouissement et de possibilité de développement personnels. Ils sont insatisfaits quant à leur autonomie et à leur indépendance et ressentent une profonde insatisfaction à propos de leur équilibre entre travail et hors-travail. Ce sont aussi les moins satisfaits de leur rémunération.

Mais de manière plus intéressante ce sont ceux qui semblent avoir le plus de difficultés avec les relations humaines dans le travail qui souffrent de cet état de stress. Cet aspect du travail ne leur est pas satisfaisant, en particulier les relations avec les collaborateurs, et ils trouvent la gestion de ces relations difficile au quotidien.

Comme l'échantillon est constitué de cadres qui se chargent justement de l'encadrement, il est intéressant d'aller regarder l'approche de leur mission par les plus stressés dans le travail. Premier constat, ils déclarent consacrer moins de temps au management de proximité tout en considérant que c'est encore trop. Cette mission n'est surtout pas la plus plaisante de leur travail et ils avouent y prendre le moins de plaisir. Le management de proximité ne leur apporte globalement que peu de satisfaction dans la mesure où leur rôle est de devoir dire aux gens ce qu'ils pensent d'eux et piloter leur travail au quotidien. Finalement ces deux dimensions de la fonction en constituent la banalité quotidienne. Il est encore plus important de noter que les plus stressés trouvent le management de proximité difficile, dans à peu près toutes ses dimensions et, curieusement, estiment moins que les autres devoir développer des compétences pour mieux l'assumer. En fait les plus stressés témoignent de la plus faible prédisposition au management de proximité si on entend par là qu'on y passe du temps, qu'on apprécie cette fonction, qu'on la trouve facile et qu'on apprécie les relations humaines qu'elle suscite.

Nous nous apercevons aussi que les plus stressés ressentent le plus le conflit entre travail et famille. Rappelons que plus de 85 % de l'échantillon vit en couple mais les membres les plus stressés passent le moins de temps avec leur famille ou pour leur vie personnelle, alors que pour autant, il n'y a pas de relation entre le stress perçu et le temps de travail. En revanche, ils considèrent plus que les autres que travail et famille ont du mal à coexister, que les problèmes du travail ressurgissent sur la vie familiale, que leurs proches en pâtissent et qu'ils sont souvent préoccupés par leur travail alors qu'ils sont en famille.

Quand on recherche les origines de cette perception du stress, deux corrélations majeures sont suggérées. La première est justement le sentiment d'un conflit entre travail et la sphère située hors-travail et dont l'équilibre leur paraît insatisfaisant. La seconde raison est liée aux difficultés du management de proximité. Ces résultats sont intéressants à plusieurs titres.

Premièrement, ils mettent en valeur des causes de stress généralement peu mises en évidence. La première est liée au conflit entre travail et famille. On comprend les difficultés à mener deux activités de front qu'il n'est jamais possible de totalement «équilibrer» puisque l'idéal n'existe évidemment que dans les rêves. Si les exigences de l'activité professionnelle et de la vie familiale ne sont jamais facilement conciliables, la recherche montre que cette perception du conflit peut être vécue différemment par chacun et qu'une perception forte du conflit cause un sentiment de stress.

La seconde raison de stress, peu mise en évidence, concerne l'exercice du management de proximité. Si tout le monde veut être manager en y voyant du statut et de la reconnaissance, l'exercice de cette mission ne représente pas la même charge pour chacun. Assumer toutes les tâches et les missions du management de proximité peut s'avérer difficile, une charge banale pour certains ou stressante pour d'autres. Surtout quand aucun plaisir n'y est associé ni désir de développer des compétences pour mieux l'assumer. Au contraire, les plus stressés considèrent que l'organisation devrait faire plus pour leur faciliter la tâche : le management leur paraît soluble dans la procédure et les moyens. Sans doute cette difficulté est-elle explicable par le peu d'intérêt des plus stressés pour les relations humaines.

Deuxièmement, ces résultats peuvent sans doute s'expliquer par des conditions particulières - qu'elles soient familiales ou professionnelles - vécues par les répondants. Nous ne disposons pas de moyens de le vérifier. Cependant, ils permettent aussi de poser l'hypothèse selon laquelle cette perception du stress est liée à la manière d'aborder non seulement le travail mais aussi l'existence plus généralement. Une difficulté à vivre son engagement personnel et familial simultanément à celui que l'on a pour son travail, une difficulté à faire la coupure entre les deux domaines, une certaine propension à se laisser déborder par le travail, tout cela peut s'expliquer et ne constitue pas un problème en soi.

Il est sans doute temps de sortir de ces modèles sociaux selon lesquels tout le monde est forcément «relationnel», capable de développer avec chacun et à tout moment des relations positives et constructives procurant beaucoup de plaisir. Il est temps aussi de considérer que le cadre moderne ne doit pas forcément être capable de mener toutes ses activités de front, réussir pleinement dans tous ses engagements personnels[6]. Si le conflit travail/hors-travail et la difficulté perçue dans le management de proximité apparaissent comme les deux causes principales de cette perception du stress, il ne faut peut-être pas s'y arrêter. Peut-être faudrait-il rechercher une cause tierce, à l'origine de la perception du conflit et de la difficulté du management de proximité. Cette cause originelle pourrait correspondre à une certaine difficulté de fonctionner «en collectif». Poser cette hypothèse ne revient pas à proposer un impératif managérial quelconque, comme certains veulent le faire croire[7] un peu rapide-

6   Thévenet M., *Je veux tout,* www.RHInfo.com, mars 2003.
7   Brunel V., *Les managers de l'âme,* La Découverte, 2004.

ment. Cela revient simplement à reconnaître que, dans les attitudes au travail, il existe aussi une dimension personnelle à prendre en compte sous peine de dériver vers une vision des organisations où l'individu n'est que le jouet et la victime de modalités organisationnelles et d'un pouvoir managérial exagéré.

Troisièmement, ces résultats ne peuvent que laisser perplexes quand il s'agit de s'interroger sur les actions managériales à entreprendre. D'une part, ils sont obtenus sur un échantillon particulier de cadres et ne peuvent être généralisés. D'autre part, ils établissent un lien avec une perception de stress. La première action à effectuer, à propos du stress, serait sans doute, dans les entreprises, comme cela se fait d'ailleurs parfois, de le prendre comme sujet de discussion, de débat et d'analyse en adéquation avec les situations de travail, lors d'un entretien annuel par exemple. Cela aiderait sans doute à prendre en compte les situations particulières de stress inadmissible et aussi de ne pas mettre les personnes dans des conditions où ce stress leur sera pénible. Cela permettrait également de repérer les moments où le stress n'est que le moyen facile d'exprimer d'autres problèmes que l'on ne sait ou ne veut ou ne peut évoquer. Par exemple, on pourrait y regarder à deux fois avant de donner des responsabilités de management de proximité à quelqu'un, comme si tout le monde savait faire, voulait faire et prenait plaisir à faire.

« Alors, heureux ? »

Un client très satisfait a-t-il plus de chances de renouveler son achat ? Le niveau de satisfaction des clients permet-il de prédire la croissance ou le déclin du chiffre d'affaires ? Toutes les entreprises qui s'évertuent à mesurer avec art et persévérance la satisfaction de leurs consommateurs en sont persuadées, tout comme la vulgate managériale qui a fait du consommateur la référence obligée des pratiques de business. Curieusement, une étude récente montre que ce n'est pas le cas[8]. D'après son auteur, aucune corrélation ne pourrait être établie entre les deux variables, satisfaction et croissance du chiffre d'affaires. Des clients satisfaits apportent certes une reconnaissance sympathique aux opérateurs et aux entreprises, mais ils ne permettent pas d'espérer avec certitude une croissance du chiffre d'affaires. Finalement c'est déjà une grande... satisfaction pour les managers que leurs clients soient satisfaits mais sans doute attendent-ils plus...

© Groupe Eyrolles

---

8   Reichheld F. F., « The One Nunber you need to Grow », *Harvard Business Review*, December 2003.

Les résultats de l'étude de Reichheld ne manquent pas d'intérêt parce que nous sommes en permanence et partout interrogés sur notre niveau de satisfaction : dans le commerce, en matière politique, à propos des dates des vacances, des jours fériés, des comportements des membres de la sphère politique, des animateurs de télévision, du temps qu'il fait, des soldes ou encore des médecins généralistes. On interroge les citoyens, les consommateurs, les salariés, les vieillards, les enfants, les hommes ou les femmes, tout le monde. On peut enfin questionner sur n'importe quoi. Par exemple, les Européens ont bien été interrogés sur leur niveau de satisfaction vis-à-vis de l'euro dès le 2 janvier 2002[9].

Nous sommes donc entrés dans une civilisation du « Alors, heureux ? ». Quel que soit le problème ou l'événement, nous sommes questionnés, et d'ailleurs, avec un minimum de politesse, nous répondons volontiers. Les résultats sont alors publiés, commentés et ne manquent pas de produire leurs effets sous forme de loi par exemple, puisque l'activité parlementaire semble si étroitement liée au baromètre de la satisfaction du public. Nombreux sont ceux qui, dans les entreprises, les partis politiques ou les agences d'auscultation permanente de nos « ressentis », s'interrogent sur l'état de nos satisfactions et en déduisent le sens de leurs politiques. On a souvent critiqué l'instrumentalisation des sondages mais reconnaissons qu'elle n'est pas le fait des seuls personnels politiques. Quel est le responsable d'association qui ne se préoccupe du moral et de la satisfaction de ses troupes pour construire des plans d'action ? Bien entendu le but de ces derniers est d'améliorer les prochains sondages et d'augmenter en permanence les niveaux de satisfaction.

---

9   L'euro est entré en circulation le 1er janvier 2002.

Le management et la gestion des ressources humaines cèdent aussi aux sirènes de la satisfaction. À tout moment on s'interroge sur la satisfaction des gens. Des entreprises disposent de systèmes sophistiqués d'interrogation permanente de leur personnel pour connaître leur niveau de satisfaction. Il s'agit, par exemple, d'une «happy sheet» régulièrement remplie par les salariés. C'est le cas évidemment en formation. À chaque stage, les participants doivent donner une mesure de leur satisfaction : la prestation correspondait-elle à leurs attentes ? Comment ont-ils apprécié la pédagogie, le contenu, le *power-point*, les chaises ou la restauration ? Il est même une entreprise où l'on pousse le professionnalisme jusqu'à évaluer la journée de formation par cinquième : de 9h à 10h30, de 10h30 à 12h, de 14h à 15h30, 15h30 à 17h et après 17h... Bien entendu une telle procédure permet de produire des statistiques fines, des analyses de dispersion, des séries chronologiques et...de nombreuses réunions.

Il existe aussi les baromètres de satisfaction dans lesquels les personnes s'expriment sur les aspects les plus divers de leur situation professionnelle. On en examine alors scrupuleusement les évolutions et les écarts. Que dire encore, même si ce n'est pas toujours précisément mesuré, du souci de si nombreux managers à détecter la satisfaction de leurs équipes, à craindre les personnes insatisfaites ou, plus grave encore, celles qui vous le disent...

Comme le suggère l'étude de Reichheld, la satisfaction n'est évidemment pas un but en soi. Prenons le thème récurrent du développement des ressources humaines. Tous ceux qui s'y sont essayés savent bien que le développement n'apporte pas uniquement de la satisfaction. Développer ou aider des personnes à grandir, en leur confiant des missions et des responsabilités, c'est souvent les faire passer par une phase de non-satisfaction. Il faut «pousser» quelqu'un pour qu'il sorte de sa quotidienneté et expérimente d'autres activités qui lui révéleront ses capacités. Beaucoup d'études sur les carrières le montrent : souvent les évolutions importantes en matière de carrière se sont faites à contre cœur, en se soumettant à une pression, plus ou moins amicale. Mais cette expérience non voulue a révélé des potentiels et des compétences que l'on n'imaginait pas.

Si la satisfaction ne permet pas de prédire la croissance du chiffre d'affaires, il en va peut-être de même ailleurs. La satisfaction des salariés n'est peut-être pas non plus l'élément déterminant de la réussite future de l'entreprise. D'ailleurs on a tous connu des entreprises où les gens étaient tellement bien et heureux qu'ils n'ont pas vu venir les menaces et ont du disparaître. En ce qui concerne la gestion des personnes, la tentation est grande de suivre Reichheld. D'ailleurs, en matière de gestion des personnes, on n'imite sans doute pas assez les talents des commerciaux. Gérer des personnes, c'est toujours essayer d'influencer (et c'est difficile) des comportements et des attitudes ; il en va de même des vendeurs et ceux-ci ont développé des compétences en psychologie du quotidien qui dépassent de loin ce qui se pratique dans le maniement des outils de gestion des ressources humaines. Il est intéressant de noter à ce propos les comportements de certains managers lors d'un entretien d'évaluation des performances, leur ignorance des conflits ou leur vaine tentative d'écoute d'un collaborateur. On en viendrait à leur conseiller des séminaires de vente…

Pourquoi l'intérêt pour la satisfaction est-il si grand ? Bien entendu parce qu'elle est importante, le plaisir semblant aujourd'hui représenter une valeur en soi. C'est un indicateur fondamental de ce que les personnes ressentent, mais encore faut-il savoir ce qu'il indique. En fait on s'intéresse aussi à la satisfaction parce que l'on sait la mesurer. On dispose dans la plupart des domaines d'une bonne compétence à dessiner des courbes de satisfaction. Or on aime les chiffres, les tendances, les évolutions. Toute une analyse des sujets de recherche en gestion des ressources humaines pourrait se faire dans cette perspective : on procède souvent à des recherches sur des sujets où la mesure est possible, plutôt que sur des questions d'intérêt réel. Mesurer la satisfaction de ceux dont on s'occupe, que ce soit des électeurs, des employés ou des clients, c'est se donner également la chance de voir son action reconnue. Tout responsable a aussi besoin de cette… satisfaction. Le feed-back correspond à un besoin. Il peut diminuer l'anxiété et apporter de la reconnaissance.

Une dernière raison de l'importance accordée à la satisfaction se trouve dans le développement des procédures actuelles de certification qui requièrent ce genre de mesures. Tout organisme devrait pouvoir montrer comment il mesure la satisfaction de ses clients et prend, par conséquent, en compte ces résultats pour améliorer ses *process* de manière continue. Bien entendu, les clients ne se situent pas uniquement à l'extérieur de l'entreprise ou de l'organisation. Il s'agit aussi des clients internes d'un service ou d'une fonction. La satisfaction s'intègre donc dans la culture des *process* qui s'insinue progressivement dans nos organisations : le plus grand nombre doit s'interroger sur la satisfaction qu'il apporte à d'autres. Il doit également être à même de la mesurer, de l'intégrer et de la faire grandir.

Les résultats de l'étude de Reichheld nous amènent à remettre en cause cette notion de satisfaction. Est-ce si important d'être satisfait ? Cette dimension ne peut constituer le seul mètre étalon pour mesurer ce que l'on vit dans une situation. En tant que client, je peux déclarer mon contentement parce que l'on me pose la question mais cela épuise-t-il mon attitude vis-à-vis du produit, de l'achat, de l'entreprise qui me l'a vendu?

En matière de travail, il est assez clair que la satisfaction ne suffit pas à décrire ce que l'on vit. On l'a montré en matière d'implication au travail[10] qui renvoie certes à de la satisfaction mais aussi à de la tension et du stress. On n'a, par ailleurs, jamais réussi à montrer les effets de la satisfaction sur la performance et l'efficacité. Parmi les centaines d'études sur un lien entre la satisfaction au travail et l'absentéisme par exemple, les résultats ne sont pas stables : il n'existe pas de relation unique entre les deux variables, même si certains se sont évertués à vouloir retrouver dans la réalité le rêve de leur vision du monde et de leurs conceptions du travail.

Dans son étude, Reichheld ne fait pas que pointer la faible puissance prédictive de la satisfaction des consommateurs. Il pense aussi que la réponse à une autre question permet de prédire la croissance future du chiffre d'affaires : «Conseilleriez-vous à un proche d'acheter ce produit? ». Il ne nous reste plus maintenant qu'à imaginer la question qui pourrait être son équivalent en matière de travail pour servir d'ersatz à l'éternelle question de la satisfaction.

On peut laisser aller son imagination, mais les chercheurs ne manqueront pas de tester cette piste. Pourquoi ne pas regarder si l'on conseillerait à un proche de venir travailler dans cette entreprise? Pourquoi ne pas leur demander s'ils ont quelque chose à

---

10   Thévenet M., *Le plaisir de travailler*, Éditions d'Organisation, 2000.

raconter sur leur travail quand ils en reviennent ? Pourquoi ne pas demander s'ils en retirent de la fierté ? Il y a finalement des quantités d'autres questions à se poser sur l'expérience riche que représente le travail, en dehors du seul « Alors, heureux ? »

« Quand j'approche de la machine à café, les gens s'arrêtent de parler »

« Quand j'approche de la machine à café, les gens cessent de parler ». C'est la remarque d'une DRH parlant de son travail, de ses difficultés, et de ses déceptions. Beaucoup d'autres professionnels des ressources humaines ont souvent la même impression d'être craints par les salariés de leurs entreprises. Ceux-ci exagèrent souvent leur pouvoir sur les personnes mais aussi l'information qu'ils détiendraient sur chacun. Un DRH le formule en ces termes : pour le salarié, le DRH est celui qui sait ce qu'il préférerait être le seul à savoir. Souvent les DRH ont l'impression d'être craints. Ils sont confrontés dans le secret de leur bureau au drame des situations personnelles. Le plus souvent, ils interviennent pour aider à les améliorer mais ils demeurent, de ce fait peut-être, des personnages mystérieux, parfois un peu effrayants. On est souvent mal à l'aise face à ceux auxquels on s'est confié.

À cette constatation, vous pouvez ajouter celle que le directeur des ressources humaines – le DRH - est souvent moqué, vilipendé, accusé de tous les maux ou considéré comme le bouc émissaire le plus évident dans ce monde de chasse au responsable. Vous avouerez qu'il ne fait pas bon exercer ce métier. Il est vrai qu'ils sont souvent en première ligne en cas de plan social, de licenciement, de sanction ou d'annonce d'une non-embauche. Ils sont annonciateurs de mauvaises nouvelles, exécuteurs de basses œuvres. Ce sont eux, dans l'entreprise, qui interviennent dans les décisions les plus importantes pour chacun.

Finalement, dans une entreprise, il est peu de dirigeants sur lesquels chacun a son opinion motivée, argumentée, définitive. Un film intitulé « Ressources humaines » donne de la profession une image peu flatteuse, mais certainement proche de ce que le public souhaite voir. Voilà le DRH revêtu des habits de l'horreur managériale, concept qui devrait logiquement être promis à de belles ventes en librairie s'il titrait un ouvrage. La notion de « ressources humaines » en est presque devenue péjorative dans certains médias. On insiste lourdement sur la liaison des ressources « zumaines » - voire de LA ressource « zumaine » -, et les professeurs se voient obligés de préciser, qu'en en parlant, ils considèrent que les personnes ont des ressources plutôt qu'ils n'en sont.

Il y a quelques années, un magazine de ressources humaines avait popularisé la notion de *blues des DRH*, ce qui est compréhensible : ne sont-ils pas chargés de refaire le n-ième plan social ? de proposer régulièrement sur le métier de nouveaux outils d'amélioration de la performance ? de retrouver encore et toujours les moyens de motiver les personnes, de sensibiliser le reste du comité de direction aux enjeux des ressources humaines et de leur faire accepter le minimum de vision à long terme qu'exige la gestion des personnes?

Certes il y a les livres[11]. Ils étudient les évolutions des entreprises et de leur fonction personnelle. Le DRH ne serait plus seulement un gestionnaire chargé, comme on le disait il y a vingt ans, d'approcher les problèmes du personnel sous l'angle valorisant de la gestion. On distingue ainsi différents rôles que joueraient ces profession-nels. Ils seraient tout d'abord stratèges, anticipant les évolutions de leur entreprise. Ils auraient aussi une influence sur les questions liées au personnel, de façon à ce que la mise en œuvre des stra-tégies économiques de l'entreprise soit possible et que l'on puisse utiliser au mieux les compétences disponibles au profit de ces stra-tégies. Ils seraient spécialistes, voire «multispécialistes» : psycho-logues, juristes, experts des systèmes d'information. Ils devraient être considérés comme des personnes de relations, tant au niveau interpersonnel que collectif car les relations sociales sont capitales et risquent de l'être de plus en plus. On n'en finit pas de lister ces rôles exigeant des compétences qui ne sont d'ailleurs pas toujours complémentaires.

Mais qu'en est-il des DRH eux-mêmes? Pourquoi et comment faire ce métier? Seuls les articles de magazines apportent chaque année des réponses définitives en relevant régulièrement de nou-velles tendances, pas toujours validées. La réalité est moins nette et la profession est plus diverse, plus nuancée. Sans doute, plus que dans d'autres fonctions comme la finance et le marketing, les professionnels des ressources humaines frappent par leur diversité d'origine, de parcours et de conception de leur métier. Poste sans

---

11 Thévenet M., Dejoux C., Marbot E., Bender A. F., *Fonctions RH*, Éditions Pearson, 2007.

doute le plus féminisé du comité de direction, il donne lieu à une très grande diversité d'approches, ce qui est très important quand il s'agit de problèmes humains.

À propos de leurs convictions, plusieurs aspects méritent d'être notés. En premier lieu, ils sont tous convaincus de l'importance de leur fonction pour l'entreprise et son business. Leur présence au comité de direction va de soi. Elle apporterait d'ailleurs beaucoup à la qualité des décisions prises, que celles-ci relèvent ou non du domaine des ressources humaines. Pour certains, les sujets de discussion et les grandes décisions d'un comité de direction concernent, dans plus de la majorité des cas, des problèmes de GRH, même si le plus souvent les autres membres de ce comité n'y sont pas très sensibles. D'ailleurs, beaucoup de ces responsables de personnel ont un plaisir certain à intervenir au cœur du business. On pourra dire que c'est surtout là un moyen de trouver de la reconnaissance. C'est sans doute vrai et, dans le grand mouvement d'externalisation subi par la fonction, ils feraient bien de veiller à conserver leur cœur de métier justifiant cette présence car, le moins que l'on puisse dire, c'est que les professionnels de la fonction ne rencontrent pas toujours des dirigeants très sensibilisés aux ressources humaines.

Deuxièmement, les responsables de personnel ont un rapport ambigu aux outils et méthodes. Leur tâche s'exprime souvent en termes de mise en œuvre d'outils (recrutement, gestion des compétences et surtout, maintenant, management de la performance). Leurs plus beaux moments sont d'ailleurs liés à ces périodes intenses où l'on implante des outils, on développe des programmes, on crée de nouvelles fonctions. Lorsque ces occasions se présentent, il est évident qu'ils retrouvent le plaisir de faire, de créer ou de mettre en place, activités qui relèvent de la culture opérationnelle propre aux organisations. Tous respectent, aiment, voire vénèrent les outils, que ces derniers concernent le management de la performance, le développement de projets, les 360° ou les procédures de reconnaissance de la performance, de gestion des rémunérations, de gestion de la qualité, de changement, etc. Mais cette fascination pour les outils est parfois plus subtile qu'il n'y paraît. Les outils ne fascinent pas tous les DRH pour eux-mêmes, voire pour leur origine anglo-saxonne (qui fait toujours son petit effet encore de nos jours). Certains disent ne pas croire aux outils pour eux-mêmes mais seulement pour donner de l'ordre et de la cohérence à ce qu'ils font sans que les outils n'aient une quelconque valeur magique. Ils sont alors un élément indispensable de leur mission de base qui reste de tenter d'influencer des comportements.

En troisième lieu, et en conséquence du précédent, on pourrait se demander ce qu'il en est de leur fibre « humaine » puisque c'est bien là leur domaine, leur terrain d'action. Ils sont évidemment très sensibles aux questions personnelles dans le travail et ce, à plusieurs niveaux. Des rencontres personnelles ont fait d'eux ce qu'ils sont. Le plus souvent d'ailleurs ce sont des présidents, des dirigeants, plus rarement d'autres DRH... Ils savent aussi que la qualité et l'intérêt de leur travail, l'efficacité de leur action et leur plaisir à occuper la fonction ne dépendent que de cette relation avec leur président. Il n'y a rien de plus terrible pour un DRH, - d'ailleurs cela ne dure pas très longtemps - que de travailler pour un président avec lequel il n'est pas sur la même longueur d'onde en ce qui concerne l'importance des ressources humaines, la manière d'en traiter les problèmes et, surtout, les valeurs profondes qui devraient fonder cette action.

Cette fibre personnelle s'exprime aussi dans leurs modes de reconnaissance. Ils trouvent leur reconnaissance dans la manière dont se déroule la carrière des personnes qu'ils ont recrutées, dans le développement des gens grâce à leur action ou dans les répercussions de décisions réussies. Ils mentionnent que leur rôle exige souvent des prises de position difficiles ou des cas de conscience, parce que toutes leurs valeurs personnelles sont ici en jeu et exigent leur réaction, voire leur départ… La technicité ne suffit pas dans ce métier plus que dans tout autre.

Certains aussi (dans notre échantillon qui ne prétend pas à la représentativité) expriment ce goût pour les personnes et la relation en général, ou encore le service rendu aux autres. Ils sont quelques uns à exprimer leur goût pour les autres, pour la jovialité des relations interpersonnelles ou pour l'engagement qu'ils mettent dans des relations sociales forcément difficiles et conflictuelles. On ne trouve pas si souvent cette modestie dans l'approche des problèmes humains. Modestie veut dire, dans ce domaine, la reconnaissance de la banalité (mais en même temps de la grandeur) de la fonction humaine au-delà de l'action spectaculaire sur les outils. C'est tout un art que de savoir développer des relations à long terme avec les personnes, avec les représentants du personnel, dans le cadre de relations sociales adultes, d'user de l'empathie avec les personnes, même en dehors du traitement des problèmes, d'avoir ce souci de traiter correctement (le mot revient souvent) les plans sociaux et les licenciements quand ceux-ci s'imposent…

Souvent, c'est chez les DRH les plus anciens que l'on retrouve cette intelligence du terrain, de la relation et du long terme. Est-ce une affaire de génération ou de maturité? Voilà une bonne question de recherche, mais aussi de formation puisque, ici ou là, on prétend former à l'exercice de la fonction «personnel».

Quand
le « tu » tue !

La politesse, le retour ! Il est difficile de dire si c'est un avatar du débat français sur l'insécurité ou les incivilités, mais force est de constater que la politesse est à nouveau un sujet d'actualité managériale. Plusieurs magazines français, comme *Enjeux-Les Echos* (numéro de janvier 2004), par exemple, posent le problème. Même la *Harvard Business Review* a inséré dans un de ses numéros l'interview de Miss Manners[12], l'auteur américaine à succès reconnue outre Atlantique comme la spécialiste des bonnes manières, du savoir-vivre, de l'étiquette, du protocole, en un mot de la politesse, comme on disait dans les manuels de morale à l'école républicaine d'avant 1968.

---

12 Martin J., « In Praise of Boundaries : A Conversation with Miss Manners », *Harvard Business Review*, December 2003, pp.41-45.

À la base de cet intérêt, se trouvent deux types de constats. Le premier concerne les difficultés rencontrées dans la vie en commun au sein des organisations : l'utilisation des outils de communication, le maniement du langage dans les e-mails ou les conversations courantes. Le second comprend le respect des règlements, des horaires ou de la présence qui sont autant d'occasions de surprise pour beaucoup. Ils se disent choqués par le comportement de leurs collègues qui ne disent pas « bonjour », de leurs chefs qui ne cessent de consulter leur messagerie en leur présence ou de leurs collaborateurs en retard, qui ne leur paraissent pas satisfaire à leur conception du respect minimum. Sous un autre angle, certains s'émeuvent de la difficulté à obtenir la politesse de la part de leurs agents au travail, dans la relation de service : un directeur de restaurant ne s'étonnait-il pas récemment de sa difficulté à convaincre ses nouveaux serveurs de ne pas tutoyer les clients ?

En abordant ce problème, il faut surtout se garder de trop le banaliser comme on a si souvent tendance à le faire. Ce n'est pas la caractéristique de populations particulières, les jeunes, par exemple, avec leur langage particulier qui ne colle pas à ce qui est « poli » pour les plus anciens. La politesse concerne l'utilisation du téléphone portable : est-il « poli » d'écouter ses messages en réunion ? De laisser vibrer cet appareil qui a maintenant acquis valeur de prothèse ? Est-il acceptable de s'envoyer des messages SMS ou un e-mail durant une réunion ou une séance de formation ? Comment interpréter les retards ? Les interruptions ? Les coups de téléphone d'un supérieur à la maison, tard dans la soirée ou le week-end ? Sans même parler de sujets de conversation devenus « politiquement incorrects ».

La politesse est une notion importante car elle relève des comportements de base de la vie ensemble, dans ses aspects les plus quotidiens et banals. Elle fait partie de ces grands sujets, comme les jeunes, la culture ou les saisons, dont toutes les époques ont cru observer leur disparition. Les sociologues peuvent alors s'en donner à cœur joie pour dégager des évolutions et de supposées tendances de fond : l'exercice est facile puisque l'on relit rarement leurs constats définitifs. Nous n'examinerons donc pas la question de savoir si la politesse est en voie de disparition, en évolution rapide à l'aube de ce siècle ou en situation de profonde mutation dans notre société qui se transforme. Non, le problème plus sérieux est de mesurer les enjeux concrets de cette brusque prise de conscience du management qui avait plutôt ignoré le sujet jusqu'ici.

Derrière la question de la politesse s'exprime la crainte que les fonctions mêmes de la politesse ne soient plus assurées. En effet, si elle existe, c'est certes pour remplir les pages des ouvrages de savoir-vivre mais surtout pour faciliter la vie en société. Dans des organisations aux frontières plus virtuelles, aux liens juridiques les plus divers, aux perspectives plus aléatoires, il n'est d'ailleurs pas étonnant de voir s'exprimer sous cette forme une interrogation sur la vie au sein des organisations.

La politesse contribue à remplir, en ce qui concerne la vie des organisations, au moins trois fonctions indispensables. La première est de donner des repères qui facilitent la relation. Intégrer un groupe en ayant quelques idées de ce qui est faisable ou non est utile et rassurant. Partager quelques références communes en matière de comportements tolérés ou tolérables, c'est éviter le risque de rendre la communication et le contact impossibles. Les personnes âgées sont parfois surprises de constater que leurs comportements et paroles rendent la communication impossible avec les plus jeunes puisqu'elles ne possèdent pas les mêmes codes du comportement convenable.

La politesse témoigne aussi d'une appartenance à une société commune. Elle est une marque, elle contribue à satisfaire un besoin d'appartenance pour la personne mais, du côté de la société humaine, elle peut aider à maintenir la cohésion.

La troisième fonction n'est pas la moins importante. La politesse protège. En définissant des codes de relations interpersonnelles ou de vie en groupe, elle évite à la personne d'être en « première ligne » dans les relations. La politesse maintient une distance de sécurité, elle crée de la prévisibilité dans les relations et elle laisse chacun avancer à son rythme dans ses relations avec les autres. En dehors du respect de marques communes de politesse, les sentiments d'agression apparaissent, la menace et les procès d'intention se mettent à dominer en laissant nus et sans armes les personnes les unes face aux autres[13].

La meilleure illustration de cette approche fonctionnelle (qui n'est d'ailleurs pas la seule pertinente pour aborder la question), c'est l'universalité de ces formes de politesse. Elles existent dans toutes les sociétés comme l'ont montré les anthropologues. Mais elles existent aussi dans tous les groupes ou sous-groupes de nos sociétés : entreprise, famille, catégorie socio-professionnelle, profession, clan, bande, groupe de référence politique ou philosophique, etc.

---

13   Girard R., *Achever Clausewitz*, Carnets Nord, 2007.

Le problème, tel qu'il se pose à l'entreprise, n'est donc pas la disparition hypothétique de LA politesse mais plutôt la difficulté de partager largement les formes d'une politesse commune. Ce qui est en jeu derrière la question de la politesse, c'est l'émoi devant des relations, au sein d'organisations, qui semblent parfois avoir perdu quelques références communes.

Une question marque bien, en France du moins pour des raisons linguistiques, le problème de la politesse : il s'agit du tutoiement. Faut-il ou peut-on tutoyer ? La langue française offre cette possibilité de s'adresser à l'autre de deux manières, en utilisant le «tu» ou le «vous». L'utilisation du «tu» pose au moins trois problèmes.

Le premier c'est qu'il signifie quelque chose de différent pour chacun. Quand le jeune serveur au restaurant tutoie le client, l'un et l'autre n'attribuent pas au «tu» le même sens. Pour le client, il s'agit d'une marque de familiarité déplacée, pour le serveur, un mode normal de relation à l'autre. Dans certaines entreprises, le «tu» est de rigueur. C'est la norme à laquelle il ne serait pas convenable de déroger. Tel dirigeant d'ailleurs se faisait un point d'honneur, en arrivant dans une entreprise nouvelle, à imposer ce mode de relation à tous, à la plus grande difficulté, le plus souvent, de tous ceux qui avaient déjà connu une quantité de prédécesseurs à ce poste auxquels ils n'auraient jamais osé s'adresser en ces termes. Certains y mettent de la reconnaissance de l'autre, d'autres de la familiarité, certains marquent avec le «tu» le fait que leur relation s'est approfondie, qu'elle a été marquée par de fortes expériences communes. Même le philosophe a donné au «tu» toutes ses marques de noblesse[14] : on y voit la quintessence de la relation à l'al-

14   Buber M., *Je et Tu*, Aubier, 1992.

térité, convergeant vers le Tu éternel, contrastant avec le ça de la chose que risque de devenir l'autre dès que je veux le comprendre, le changer ou le catégoriser. C'est dire si le «tu» peut recouvrir les conceptions les plus diverses.

Le deuxième problème c'est que nombreux sont ceux qui veulent imposer avec le «tu», la forme de relations qu'ils estiment eux-mêmes satisfaisante. Avec le «tu», ils veulent créer de la proximité, de la franchise, de la transparence, de l'intimité. Le «tu», avec les meilleurs sentiments du monde, peut être paradoxalement l'exemple de la non-reconnaissance de l'autre. Un dirigeant, après un séminaire de relations humaines, avait décidé de passer au «tu» pour marquer à ses collaborateurs la qualité des relations qu'il voulait avoir avec eux : cela a créé chez ces derniers un grand traumatisme. Il ne faut jamais oublier que l'on ne décide jamais seul d'une relation avec l'autre.

Le troisième problème, c'est de savoir reconnaître dans notre langue la richesse des deux formes du «tu» et du «vous». Les tenants du «tu» évoquent souvent la langue anglaise qui ne connaît que le «*you*». C'est oublier que la politesse, dans chaque civilisation, ne se marque pas seulement dans le langage. Certes l'anglais ne distingue pas entre les deux formes mais la langue, il suffit de travailler avec de vrais anglophones, offre des quantités de formules complexes et sophistiquées pour marquer la distance. Il est donc difficile de faire comme si notre langue ne possédait pas les deux formules, c'est-à-dire un moyen de marquer non pas une différence, mais une évolution possible de la relation interpersonnelle. Aussi bien dans les relations personnelles que professionnelles, l'existence de cette possibilité linguistique d'évolution constitue une ressource très importante qu'il est dommage de passer par pertes et profits.

Comme si notre langue, ou nos fantasmes, nous imposait l'usage d'un pronom personnel unique.

Alors pour ceux qui se posent la question du tutoiement, trois conseils peuvent poser les jalons d'une réponse.

Le premier conseil, c'est de toujours penser au contexte du «tu» qui lui donnera son véritable sens. Le «tu» ne suffit pas à marquer l'authenticité d'une relation. Le contexte de la relation, les marques de respect et d'attention à l'autre donnent tout son sens au «tu». Il n'y a rien de pire que de constater que la relation au quotidien contredit en fait ce que l'on a voulu établir en tutoyant. Dire «tu» ne peut être la couverture pour des rapports qui ne respectent pas l'autre; il serait vain d'attendre de cette marque de familiarité, l'établissement magique d'une relation satisfaisante.

Le second conseil c'est aussi de se laisser aller prudemment à faire ce qui semble le mieux nous correspondre. Pour certains, le tutoiement est la marque même de leur style relationnel et ce serait une catastrophe que de vouloir le changer. Faire attention à l'autre et rester authentique est le paradoxe même des relations humaines.

Le troisième conseil, c'est de ne pas oublier les bienfaits du «vous». Il permet de marquer une progression, d'évoluer dans la relation à l'autre; n'est-ce pas là la plus belle marque du respect quand le «tu» prend le temps de devenir «bubérien» ?

Il n'y a que les intentions qui comptent

On pourrait comprendre le titre de cette chronique comme un moyen de se consoler après Noël de l'éternelle bougie, la banale cravate ou l'inutile Prix Goncourt qui viennent de vous être offerts. En fait, ces périodes de fin d'année sont aussi l'occasion dans les entreprises d'annoncer aux collaborateurs les promotions et les augmentations. Autant dire que souvent (pas assez d'ailleurs) cela a été un vrai plaisir d'avoir l'impression de ... faire plaisir. Dans beaucoup d'autres cas, c'est un exercice plus difficile parce que la nouvelle à annoncer n'est pas très appréciée, même si vous savez qu'elle est justifiée, normale, et même profitable pour la personne. Dire à quelqu'un qu'il n'est pas augmenté, alors que les raisons sont légitimes, ne pas renouveler un contrat, mettre en place les 35 heures, régler un conflit entre des personnes, réprimander ou exprimer des reproches, voilà des moments où « manager » n'est pas très plaisant.

L'exercice des responsabilités produit souvent le sentiment désagréable de ne pas être compris, approuvé ou apprécié. C'est un métier ingrat. Curieusement, ce sentiment demeure alors que l'on connaît toutes les techniques, les méthodes et les outils censés assumer efficacement et sereinement toutes les situations managériales. Même les phases délicates des évaluations ou augmentations, forcément très sensibles, ont été outillées dans la gestion des ressources humaines moderne. On a appris à communiquer, à savoir déléguer, à animer des équipes, à mener des relations, mais l'insatisfaction est toujours là et c'est elle qui rend le quotidien du management difficile à supporter.

Il faut donc ne jamais oublier une règle cardinale en matière de relations humaines et de management : il n'y a que les intentions qui comptent. Les actes comptent parfois moins qu'on veut bien le dire. C'est là l'explication la plus courante des situations évoquées, plus éclairante que la sempiternelle référence à de supposés problèmes de communication.

En effet, chacun agit selon ses intentions, forcément bonnes puisque ce sont les siennes. Certes, il existe des manipulateurs partout, dans toutes les corporations, dans tous les types de sociétés humaines, mais, le plus souvent, les gens agissent avec des intentions sincères, bienveillantes, salutaires : c'est le cas dans la plupart des situations de management. La meilleure de ces intentions, quand il s'agit d'organiser le travail ou d'exercer le commandement, c'est le « donnant-donnant » : chacun fait un effort et tout ira très bien… Le chef qui ferme les yeux a l'impression que cette « faiblesse » sera payée en retour ; celui qui tranche, pour finaliser le planning de congés payés, le fait généralement au moins mal des intérêts de chacun ; celui qui fixe les augmentations essaie de se tirer au mieux des contraintes de la direction financière pour respecter un minimum de justice entre tous; cette fameuses justice désincarnée que tout le monde réclame.

Mieux encore, les intentions sont si bonnes qu'il est difficile d'imaginer comment elles pourraient ne pas être perçues ainsi par l'autre. On agit rapidement : pourquoi les autres ne se rendraient-ils pas compte de la qualité de nos intentions? Comment pourraient-ils imaginer que l'on «pense à mal»? Comment ne verraient-ils pas nos bonnes intentions? Ou nos contraintes? Ou nos problèmes? En un mot, comment les autres pourraient-ils imaginer de mauvaises intentions? C'est pour cela que certains responsables annoncent leur augmentation à leur collaborateur par e-mail, dans le couloir, entre deux portes, sur un *post-it*! De toute façon, ils doivent être contents puisque l'augmentation est bonne… et il y a tant de travail à terminer avant les vacances. C'est pour cela aussi qu'un dirigeant, convaincu de la nécessité de devoir apporter aux familles de ses salariés une information de qualité sur la santé de l'entreprise et son avenir, décidera de leur envoyer une brochure bien circonstanciée. Il considère que c'est le moins qu'il puisse faire et, pour être bien certain que tous la reçoivent, il la leur fera porter … par huissier!

Après avoir agi rapidement, tellement ses intentions sont bonnes, comment imaginer que l'autre ne les comprenne pas? Chacun a ressenti ce sentiment de déception et d'incompréhension après une campagne de communication dont les destinataires comprennent mal les messages, ou les critiquent. Comment imaginer que le personnel ne voie pas le risque de la concurrence ou les enjeux de la mondialisation? Ne comprenne pas les enjeux pour l'entreprise? N'accepte pas les bienfaits de tel ou tel changement? Si encore on

avait de mauvaises intentions, on comprendrait… Combien de personnes ont essayé de développer l'autonomie et la responsabilité
des collaborateurs sans obtenir le moindre accord de la part des
personnes concernées ? Combien ont essayé de développer les
autres malgré eux, sans être aucunement compris ni acceptés ?

On connaît tous la déception d'offrir un cadeau qui ne plaît pas,
d'essayer en vain de faire plaisir à quelqu'un, de vouloir aider et de
ne récolter que rebuffades. Avouons que cela arrive aussi dans l'activité de management et ce, justement, parce que la déception ne
peut qu'être à la hauteur de la qualité des intentions initiales.

Il n'y a que les intentions qui comptent. Cela signifie aussi que
l'autre ne considère pas vos actes, mais les intentions qu'il vous
prête pour agir ainsi. Le nouvel arrivant est impressionné par ce
qu'on lui propose, il est heureux parce qu'il pense que c'est pour
lui ; tel collaborateur reçoit une augmentation, mais imagine que
cela doit cacher un mauvais coup. Que dire de la réaction si fré-
quemment observée aujourd'hui quand l'entreprise communique :
cela doit sûrement cacher quelque chose ou préparer une mauvaise
nouvelle… Récemment, dans un hypermarché, une caissière disait
qu'elle trouvait scandaleux que son patron vienne lui dire bonjour
le matin : ce n'était probablement que pour se faire mousser auprès
des clientes… Combien de personnes vous disent que l'avantage
obtenu doit cacher une manipulation, que les bonnes relations ne
peuvent être sincères dans une entreprise, que les vœux du président sont une maigre compensation à une mauvaise politique
salariale.

Les intentions que l'on croit comprendre chez l'autre résultent le
plus souvent de l'expérience passée, des comportements et actions
antérieurs. Il est clair que la mauvaise réputation de l'entreprise et

du travail dans la société actuelle a de multiples causes, mais les pratiques de gestion du personnel ou de management y sont peut-être aussi pour quelque chose. Une histoire de restructurations, de plans sociaux ou de licenciements n'est pas faite pour laisser supposer de bonnes intentions dès que quelque chose se décide en matière sociale.

Ces intentions prêtées peuvent parfois être si éloignées de vos intentions réelles! Chacun a eu la surprise de voir un proche, un parent, un enfant, vous rappeler un de vos comportements passés qui l'avait marqué et auquel il avait attribué telle ou telle signification. Le plus souvent, non seulement vous aviez oublié l'événement, mais, plus encore, les intentions qui vous sont prêtées sont totalement étrangères à la réalité. C'est ce qui se passe couramment dans les relations humaines. On n'a jamais assez d'imagination pour se représenter les intentions vues par les autres.

L'écart entre ses propres intentions et celles qu'infèrent les autres est assez grand pour mettre en péril quelque action que ce soit. Les plus beaux outils de communication ou de management s'épuisent devant une telle différence. Certes on attend de la technique, que ce soit celle d'un système d'informations ou d'un 360°, qu'elle véhicule l'illusion qu'un outil expert lave le quotidien de tous les procès d'intention. Mais c'est pure illusion.

Alors finalement, chacun, même dans le travail, pourrait appliquer les quelques conseils si simples qui peuvent faciliter les rapports humains. Essayez-les dans votre pratique de management, ou dans les relations hors-travail, cela facilite tellement l'existence.

Premièrement, partagez vos intentions, cela ne vous enlèvera rien. Ne partez pas du principe qu'elles sont transparentes, évidentes à l'autre, c'est rarement le cas. La simplicité a souvent du bon, surtout dans les relations. Et le quotidien de la relation de management touche heureusement des problèmes banals, simples, sur lesquels on peut s'entraîner sans risque.

Deuxièmement, n'oubliez jamais que seuls les actes, passés ou à venir donneront du crédit à ces intentions. Se conformer à cette règle, à savoir agir selon ses intentions, c'est parfois même un moyen de remettre en cause ses propres intentions premières qui semblent difficiles à mettre en œuvre... Il y a bien longtemps, nous avions écrit « dix bonnes raisons de ne jamais faire de projet d'entreprise »[15] : la première raison était que, même pris par l'euphorie de l'action et de la bonne volonté, il est préférable de n'entreprendre quelque chose que si l'on pourra vraiment suivre le projet. Beaucoup d'actions de franche communication feraient mieux de ne pas s'entreprendre quand on n'est pas certain de pouvoir les honorer dans le temps.

Troisièmement, n'ayez pas peur de demander aux autres ce qu'ils perçoivent de vos intentions. Peut-être ne vous éclaireront-ils pas, mais en omettant de le faire, vous êtes sûr que vous n'apprendrez rien...

Ce sont là quelques règles de base de la vie en société. Finalement, le management gagnerait beaucoup à être reconnu comme une activité de société... normale.

© Groupe Eyrolles

---

15   Thévenet M., *Audit de la Culture d'Entreprise*, Éditions d'Organisation, 1986.

Ces délicieux collègues

Un professeur de l'ESSEC, Jean-Marie Peretti, célèbre pour ses ouvrages et compétences en gestion des ressources humaines, raconte l'histoire suivante : «Un jour Dieu voulut réaliser la plus belle créature que la terre ait jamais portée. Celle-ci devait dépasser en excellence et perfection tout ce qui avait été fait jusque là. Il créa le professeur de l'ESSEC. Vexé, le diable ne pouvait en rester là; il devait à son tour créer la chose la plus horrible, terrible, odieuse qui n'ait jamais vu le jour. Il créa donc son collègue. Il est des situations de travail où les problèmes de management ne se posent plus, mais ont été remplacés par les relations difficiles avec des collègues que l'on n'a pas plus choisis que son chef. Ils vous empoisonnent l'existence et vous devez supporter leurs humeurs. De plus, ils gênent votre travail sans rien vous apporter. À la différence des managers, les collègues sont eux toujours présents. Patrick Bouvard en a fait un amusant et pertinent ouvrage[16] qui brosse quelques portraits de ces éternels gêneurs.

---

16 Bouvard P., *Insupportables collègues*, Éditions d'Organisation, 2004.

C'est souvent avec ses collègues que l'on passe le plus de temps. Les relations avec eux déterminent donc beaucoup la qualité des relations humaines au quotidien. Ceci est d'autant plus vrai que, dans des structures plus plates et amaigries, les chefs sont moins présents, plus lointains, tellement absorbés par la gestion de leurs *process* et du *reporting*. Les collègues prennent donc un poids relatif important dans le paysage des relations au travail.

On aurait tort de négliger cet aspect de l'expérience de travail parce que de bonnes relations avec les collègues sont souvent corrélées à une forte implication. Finalement, quand le travail est l'occasion de développer des relations harmonieuses, on a plus d'intérêt à y venir, plus de facilité à le supporter, plus d'enjeux à s'y engager. Au point même que dans une recherche[17] personnelle, il semble que les cadres perçoivent d'autant plus le conflit entre leur vie professionnelle et leur vie familiale que leurs relations humaines au travail sont satisfaisantes.

Un article récent aborde de manière intéressante ces relations avec les collègues de travail[18]. Ses auteurs ont remarqué qu'en demandant à quelqu'un s'il préférerait travailler avec un collègue compétent et désagréable ou avec un aimable incompétent, la même réponse revenait toujours, celle qui privilégiait la compétence. Cependant, en faisant une étude plus fine, moins directe, reprenant les relations humaines au quotidien, les réponses s'avéraient bien différentes. Bien entendu, on préférait les compétents agréables aux incompétents désagréables. Mais l'on privilégiait surtout les incompétents agréables aux compétents désagréables…

---

17 Recherche personnelle.
18 Casciara T., Sousa Lobo M., «Competent Jerks, Lovable Fools, and the Formation of Social Networks», *Harvard Business Review*, June 2005, pp.92-99.

Comment comprendre ce que les auteurs appellent ce «biais d'amabilité» qui fait prévaloir les affinités sur les valeurs déclarées de performance, de compétence et d'efficacité? Bien évidemment qui se ressemble s'assemble. Des gens proches par leur formation, leur approche des problèmes ou leur génération s'avèrent immédiatement plus accessibles; on peut plus facilement les comprendre et parvenir à un échange avec eux. Il est toujours plus facile aussi de travailler avec des personnes familières, il y a moins d'incertitude, on peut accélérer les préliminaires de toute relation. Il est certain aussi que l'on a du plaisir à fonctionner avec des personnes qui vous gratifient de quelques réactions et *feed-backs* positifs. Certains savent vous mettre en valeur par leur amabilité, leur délicatesse ou la courtoisie de leur commerce. Sans même aller jusqu'aux extrêmes de la flatterie, il est humain de rechercher le contact de ceux qui vous renvoient une image valorisante. À juste titre, les auteurs de l'article soulignent l'importance du facteur d'attirance : il ne s'agit pas ici que d'affinité intellectuelle, mais aussi d'attirance physique et chacun a fait l'expérience de l'influence de ces éléments qui caractérisent la relation. Interagir avec quelqu'un que l'on considère comme attirant est toujours une expérience valorisante.

L'importance donnée aux affinités a ses inconvénients. Il ne suffit pas de bien s'entendre dans une équipe pour être performants. On connaît même des équipes dirigeantes où les membres s'entendent tellement bien qu'ils sont totalement déconnectés du reste de l'entreprise, illustrant en cela le principe de la locomotive selon lequel l'engin avance d'autant plus vite qu'il n'y a pas de wagons.

Mieux encore, des équipes de gens qui s'aiment bien évoluent parfois vers l'auto-complaisance, elles sont moins attentives à ce qui se passe à l'extérieur, elles tendent à spécialiser les rôles et à reproduire des pratiques[19] plutôt qu'à les remettre en cause et à innover.

Les auteurs proposent alors de faire contre mauvaise fortune bon cœur. Dépités que la compétence ne soit pas un critère plus important, ils proposent de se servir de l'amabilité comme d'un levier. Trois pistes d'actions peuvent alors être envisagées. Si l'on préfère travailler avec des gens aimables, familiers, proches, on peut développer cette amabilité ; il en résultera de plus grandes capacités à travailler collectivement et donc un potentiel d'efficacité. En créant des occasions nouvelles de faire travailler les gens ensemble, en cherchant des similarités là où on ne les imaginait pas, en développant sur tous les plans les relations entre les gens, on les rend plus familiers les uns des autres. Dans une banque de 150 personnes, je menais une opération de conseil qui conduisit des personnes de différents statuts à travailler ensemble : le meilleur résultat de cette action de changement a sans doute été que des cadres ont avoué leur surprise de s'apercevoir qu'ils pouvaient avoir des choses intéressantes à se dire avec les gradés[20]…

Dans un autre ordre d'idée, il apparaît que la dimension relationnelle est toujours très importante chez les jeunes. Pour aborder la question de leur implication dans l'entreprise, on pourrait sans doute veiller, au moment de l'intégration par exemple, à ce que cette dimension relationnelle soit bien prise en compte.

Une deuxième piste d'action pour les auteurs consisterait à repérer dans un collectif de travail ceux qui ont ce fort quotient d'amabilité (le QA) pour leur faire jouer le rôle d'« affective hubs ». Ces

---

19 Thévenet M., *Attention aux équipes qui gagnent*, Chronique www.RHInfo.com, 2001.
20 Les gradés étaient les agents de maîtrise dans la banque.

derniers sont aux relations, ce que le « hub » est pour une compagnie aérienne. Placés dans des positions-clés dans les organisations, ils deviendraient des producteurs et des « mainteneurs » de liens, assurant le minimum de relations agréables dans le but de faciliter le travail en commun.

La troisième piste consiste à s'occuper aussi de ces caractériels, couramment appelés les « personnalités difficiles », invivables, désagréables, encore plus agaçants quand ils sont incompétents. Reconnaître leur contribution, sanctionner les bons et mauvais comportements, essayer de les « socialiser », voire de les orienter vers des missions à la mesure de leurs capacités relationnelles, ce sont finalement des idées d'actions assez banales.

Mais au-delà de ces affirmations communes, presque banales, cet article fait au moins quatre rappels importants.

Il présente une évidence insuffisamment rappelée selon laquelle la qualité de l'expérience quotidienne du travail se joue dans les relations humaines. C'est en fonction de celles-ci que la journée vaut ou non le réveille-matin. Et dans ce contexte, les collègues reçoivent enfin l'attention qu'ils méritent : même s'ils ont apparemment moins de pouvoir qu'un chef, les collègues contribuent largement à vous polluer l'existence ou à vous l'enchanter. Ils ne se choisissent pas plus que les chefs directs ; on n'a pas beaucoup plus de pouvoir sur eux et on devrait même en principe en être solidaires. Dans une vision trop hiérarchique de l'expérience de travail on n'a pas suffisamment pris en compte l'importance de cet environnement de travail sur la qualité de vie. L'article commence à pallier ce manque criant.

Le second rappel concerne la prudence avec laquelle il faut lire les préconisations. Il serait hasardeux et risqué de croire y avoir

trouvé la nouvelle recette du management. Attention à ne pas vouloir fabriquer de l'amabilité comme on a voulu mettre en place des
valeurs à certaines époques ; attention à ne pas croire qu'il suffirait
de parsemer l'organisation de gentils garçons (ou de gentilles filles,
bien entendu) pour que le climat et l'efficacité s'améliorent comme
par enchantement. On a déjà fait l'expérience de ces naïvetés avec
les commandements de satisfaction du consommateur... Si l'on préfère travailler avec quelqu'un d'aimable, ce n'est pas parce qu'il a
sacrifié aux codes superficiels de cette attitude, mais bien parce que
l'on a senti l'authenticité de sa relation. La feinte ne dure jamais
longtemps dans ce domaine. Dès que l'on imagine pouvoir jouer
au collègue sympa, on se prépare à de violentes déconvenues. Et
il ne faudrait pas que ce genre d'idées conduise à institutionnaliser
une sorte de DGA (Direction de la Gentillesse Aimable) chargée de
satisfaire les besoins de câlins organisationnels.

En guise de troisième rappel, il serait bon de dire qu'il faudra bien
penser un jour à valoriser ce genre de « savoir-être » si l'on considère qu'il est utile au fonctionnement de nos organisations. En cette
matière la solution ne se trouve certainement pas dans la mise en
œuvre d'outils sophistiqués, la construction de référentiels d'amabilité ou de « 360° » de la gentillesse. La valorisation passe plutôt par
la reconnaissance directe de l'importance des qualités personnelles,
par la franchise d'une discussion ou encore par le non-formalisme
d'une discussion avec son patron : ce n'est d'ailleurs pas le plus
facile à faire.

Enfin, le quatrième point vise à rappeler qu'en cette matière il est
aussi possible d'agir. Il ne faut peut-être pas se fixer de trop grandes ambitions, comme celle de changer les grincheux, par exemple,
mais rien n'empêche de ne pas valoriser leurs comportements, rien

n'empêche de dire ce que l'on pense de leurs attitudes, et enfin, rien n'empêche de leur révéler les conséquences de leurs comportements sur les autres. En effet, rien ne l'empêche, mais une des choses qui, dans nos études, paraît des plus difficiles aux managers, c'est justement de dire aux autres ce qu'ils pensent d'eux…

Bonjour
bassesse !

L'entreprise est aussi un lieu de délinquance. Les médias se font régulièrement l'écho de malversations en tout genre, allant de la prévarication pour obtenir des marchés au maquillage des comptes. Il y a tromperie sur la marchandise, mensonge et perversion dans les relations humaines et les rapports annuels. Un ouvrage[21] donnait même quelques illustrations sur les formes multiples que peut prendre la guerre économique ; il pouvait facilement servir de centrale des cas pour les nombreux professeurs d'éthique. Il existe des «patrons-voyous» comme des chefs harceleurs qui exercent des pressions moralement et légalement coupables sur les personnes comme au bon vieux temps de la cour d'école dont tout le monde sait que c'est un lieu initiatique de la cruauté ordinaire. Que dire des comportements d'entreprises non-responsables en matière d'environnement ou de relations sociales quand la fin du profit ou de la survie semble justifier tous les moyens ?

---

21 Laïdi A., Lanvaux D., *Les secrets de la guerre économique*, Seuil, 2004.

En dehors de ces événements médiatiques dont s'offusque le citoyen, sensible à toutes les turpitudes du monde peu recommandable qui l'entoure, il existe aussi la délinquance d'en bas, celle que les sociologues ont appelé « le sabotage »[22]. On y parle d'absentéisme injustifié, de baisse exagérée de productivité ou autres coulage, perruque ou *luddysme*. Aujourd'hui disparu des préoccupations des sociologues du travail, le sabotage était un terrain de recherche parce que d'un part l'organisation du travail devait le contrecarrer, d'autre part parce qu'il constituait un moyen de lutte des salariés.

Il existe enfin une délinquance du quotidien, que chacun d'entre nous rencontre dans son travail, où qu'il soit. Personne n'échappe à l'expérience de l'ordinateur ou du portefeuille qui disparaissent du bureau malgré toutes les barrières de sécurité à l'entrée de l'immeuble. On connaît les nombreux vols de fournitures, bien évidemment, mais aussi de matériel dans les magasins, les centres de tri, les hangars ou autres entrepôts qui se convertissent parfois en marchés ouverts parallèles. Pourquoi ne pas parler des certificats de maladie de complaisance, du piratage de données que l'on s'attribue sans vergogne. Quelqu'un me racontait même que dans l'une de nos administrations au-dessus de tout soupçon, un agent s'était aperçu que des collègues avaient pris de l'argent liquide dans l'enveloppe qui circulait pour un collègue partant en retraite... Il ne faudrait d'ailleurs pas croire que ces actes sont circonscrits au monde du travail : un jeune enfant racontait récemment que ses parents disent des mensonges à la maîtresse pour lui faire manquer l'école en mars puisque la semaine de ski coûte alors moins cher qu'en février... Sans même parler du piratage généralisé grâce à Internet qui per-

---

22 Dubois P., *Le sabotage dans l'industrie*, Calman-Lévy, 1976.

met à des étudiants de faire dossiers et mémoires à bon compte. On est à l'école du mensonge finalement très tôt…

Si ces quelques exemples sont apparus finalement banals au lecteur, en rejoignant son expérience du quotidien, cela peut surprendre et pas seulement pour l'aspect moral de la situation. Premièrement nous semblons nous situer aujourd'hui dans une époque de transparence où tous les manquements aux règles sont pointés avec rigueur. La question de la sécurité est au premier plan des débats de société et chacun y va de son couplet pour stigmatiser la délinquance, les délinquants et le manque de courage de toutes les institutions pour enrayer le phénomène. La réprobation est générale à chaque écart commis par une personnalité connue; le forfait est porté sur la place publique et tout média sait bien que découvrir l'une de ces bassesses garantit l'audience. D'ailleurs on voit que le genre de la dénonciation assure de fortes ventes surtout quand il concerne les autres : l'horreur managériale, la souffrance et le harcèlement, la mise au pilori de l'aliénation gestionnaire sont des recettes pour un succès de librairie. Comment se fait-il donc alors que le quotidien, sans doute à des niveaux moindres, nous révèle le même genre de délinquance généralisée?

Deuxièmement, on peut s'étonner que la délinquance de chacun dans le travail demeure alors que l'on a mis partout de la transparence, de la clarification, de la communication, des *process* certifiés, normés ou accrédités qui permettent une complète «traçabilité». Cela signifie-t-il que, malgré la rigueur irréprochable de chacun d'entre nous et la qualité des systèmes de management en place, nos organisations ont échoué à maintenir en leur sein le minimum de sécurité qui rend possible la vie sociale? Ce minimum de sécurité, c'est celui qui ne vous fait pas voir dans chaque collègue de travail le délinquant potentiel qui peut dérober votre portefeuille ou votre téléphone portable, le menteur dont l'intérêt personnel aura vite fait de s'exonérer du minimum de vérité et de franchise qui rendent les relations tout simplement possibles. Voilà peut-être pourquoi il existe une sorte de loi du silence à ce propos ; le thème est peu évoqué et les managers ne disent que *mezzo voce,* et avec le sens de la litote, que le vol et le mensonge sont de réels problèmes face auxquels ils se sentent désarmés et qu'ils n'osent évoquer.

Il est évident que les auteurs de ces forfaits vous expliqueraient que c'est bien peu de choses à côté de ce qui se passe plus haut, qu'ils peuvent bien se servir étant donné le niveau de leur paie et que, de toutes manières, tout le monde le fait. Il est certain aussi que les sociologues sauraient déceler la quintessence de ces comporte-ments et dévoiler leur sens profond dans le cadre de la postmoder-nité. En matière de management, le problème est plutôt au niveau de l'action, si l'on a effectivement le souci d'agir en la matière. Ceci est une hypothèse puisque ce sujet de la délinquance au quotidien n'est pas souvent ouvertement traité dans les entreprises.

Si tant est qu'il faille et qu'on veuille faire quelque chose, com-ment faudrait-il s'y prendre ? Trois principaux conseils pourraient être donnés.

Le premier conseil pour nos organisations, c'est de travailler sans cesse au sens du collectif. Au-delà des grandes réunions régulières, où la sophistication technique des moyens de communication prend parfois le pas sur l'authenticité des rencontres et la profondeur des messages, le management ne donne pas assez d'importance, ne consacre pas assez de temps et d'énergie à la maintenance perma-nente du sens collectif qui tisse les rapports entre les gens. Chacun a remarqué qu'en sortant son bras par la fenêtre de la voiture, le conducteur a plus de chances de se voir laisser le passage qu'en utilisant le clignotant : dès que la personne a eu une réelle expérience relationnelle avec l'autre, elle met un visage derrière le portefeuille ou le micro qu'elle s'apprête à «emprunter»... Si l'expérience relationnelle était plus riche dans nos organisations de travail, sans doute les comportements de chacun dans l'entreprise ne consisteraient-ils plus à se servir, comme si l'institution était une immense sécurité sociale, mais plutôt à situer plus concrètement l'enjeu et la portée de leurs comportements. Travailler ce relationnel, c'est aussi faire sans cesse attention à l'exemplarité et à la cohérence, mais tout le monde a déjà lu cela cent fois...

Le second conseil concerne notre approche des comportements dans les organisations. Nous butons tous sur le problème du changement des comportements qui est la finalité de toutes les démarches de changement organisationnel. Est-ce un objectif possible ? Est-ce faisable ? Dans beaucoup de domaines, on a tellement l'impression que les efforts sont vains : combien de pédagogues, de managers, de responsables divers sont finalement convaincus qu'ils ne peuvent pas faire grand-chose. Pourtant il existe un domaine, la vie de la cité, où les problèmes de changement de comportements semblaient insurmontables et où les évolutions sont pourtant notables.

Il ne manquera donc pas d'études pour nous expliquer trois phénomènes récents où des changements de comportements se sont produits. Le premier concerne la manière de conduire. Tout le monde a remarqué que finalement, beaucoup d'automobilistes conduisent moins vite : la vie sur autoroute ou sur le périphérique en a été transformée. Sans doute une prise de conscience générale ou ... l'effet des radars. Dans de nombreuses villes, on a réussi aussi à modifier le comportement des automobilistes. Prise de conscience des enjeux de l'évolution du climat ou … de la neutralisation *de facto* de l'espace de circulation. Que dire enfin du changement de comportement des fumeurs qui se sont pliés aux interdictions de fumer alors que c'eût été inimaginable il y a quelques années. On ne peut quand même pas dire que les comportements ne peuvent se changer ! Je ne sais pas s'il est des enseignements à en tirer pour le problème de la délinquance quotidienne, mais on ne peut plus dire non plus que rien n'est possible, encore faut-il le vouloir, que tous les « partenaires » dans une entreprise le veuillent.

Le troisième conseil consiste à garder présent à l'esprit que rien n'est jamais définitivement résolu en matière de comportement : sur la route, il faudra vérifier que les changements d'attitudes perdurent. Si l'on regarde la question de l'absentéisme par exemple, on sait que quelles que soient les actions entreprises contre le phénomène, elles ont des effets immédiats sur la baisse du taux d'absence. Le problème c'est qu'il remonte bien vite. On n'a donc jamais fini de travailler sur ces questions ; comme dans les relations interpersonnelles, tout est toujours à refaire, à maintenir, à entretenir.

« Il n'y a rien de personnel »

La communication est un art difficile. Non seulement on n'est jamais certain d'attribuer aux mots le même sens que ses interlocuteurs mais il est parfois des situations sociales, voire des phrases, qui signifient clairement l'inverse de ce qu'elles paraissent indiquer. Prenez la communication interne : dans certaines entreprises, il suffit que la direction de la communication publie une information pour que chacun comprenne le contraire. Dans les relations interpersonnelles il est une phrase qui a toujours le même effet, même si elle continue d'être utilisée, c'est le «il n'y a rien de personnel». En disant cela vous êtes certain que la personne n'y verra certainement que du «personnel». Ce «personnel» peut avoir deux sens : cela signifie que si je parle, c'est sans évoquer la personne qui est en face de moi, mais cela signifie également que ce n'est pas moi qui parle, c'est... un être insaisissable auquel il faudra se plaindre si l'on n'est pas d'accord.

Alors pourquoi utiliser cette expression? Cette précaution oratoire indique généralement que son auteur a quelque chose d'important à dire, et il aimerait surtout qu'une compréhension trop personnelle ne l'empêche pas de faire passer son idée; il rêve que l'autre ne se laissera pas aller à des susceptibilités – toujours mal placées quand elles concernent les autres – qui l'empêchent d'écouter. Quand un manager dit à un collaborateur que son travail n'est pas bon, mais qu'il n'y a rien de personnel, cela signifie que c'est un vrai problème pour lui; il aimerait surtout que l'autre l'écoute et, pourquoi pas, le remercie de la remontrance avant de changer son comportement.

On est même souvent encouragé à poursuivre sur cette voie car rares sont ceux qui exprimeront leur désaccord quand on leur dit qu'il n'y a rien de personnel; il en va de même de ces questions assassines, comme «On peut se parler franchement? Vous êtes autonome? Vous êtes responsable? », auxquelles il est rare de s'entendre répondre par la négative.

Ceci n'arrive pas seulement dans ses relations personnelles quand on parle à ses voisins de palier ou aux enfants de son second conjoint. C'est une des situations les plus fréquentes du management ou de la pratique de la gestion des ressources humaines. Quand on fait une remarque au bureau, quand on parle de la qualité du travail, du rendement, de la performance ou des comportements, il est fréquent d'entendre le fameux «Il n'y a rien de personnel». De la même manière que nombreux sont ceux qui ne peuvent oser dire quelque chose sans préciser que c'est «entre guillemets», les tenants de cette approche aseptisée et désincarnée de la parole au travail ne parlent des personnes qu'en avertissant qu'il ne peut y avoir rien de personnel en la matière.

Ainsi les conditions du marché et de la concurrence obligent à de difficiles décisions : les résultats sont tels qu'il ne peut y avoir d'augmentation, il est difficile de promouvoir des femmes étant donné leurs difficultés à gérer leur vie personnelle, on ne peut garder des seniors qui s'avèrent trop décalés avec les nouveaux venus ; quant aux promotions, il est évident que tout le monde ne peut progresser, tout le monde ne peut avoir des formations, tout le monde ne peut avoir son horaire aménagé, étant donné les obligations du service. Dans tout cela, il ne saurait y avoir quelque chose de personnel. Le management serait tellement plus facile si les interlocuteurs précédents croyaient à votre bonne foi ; surtout quand rien dans toutes ces décisions n'est personnel.

En effet, il est difficile d'affronter les relations humaines dans toutes les aspérités qui en sont le lot. On préférerait que l'autre ne voie derrière nos actions que l'impératif de politiques qui nous dépassent, l'exercice d'un rôle obligé, qui nous dépasse tout autant. On ne voudrait être que l'utilisateur d'outils impersonnels, de techniques si rationnelles, que l'autre ne pourrait que s'y soumettre. Ainsi le manager, qui sanctionne, essaie de faire compatir l'autre à la difficulté qu'il rencontre à prendre la sanction... Le licencieur aimerait que le licencié lui rende la tâche plus facile. Celui qui se fait reprendre pour un mauvais travail pourrait au moins remercier le censeur pour le feedback, etc. Il en va souvent de même dans les relations conjugales : celui (celle) qui quitte son (sa) partenaire a du mal à accepter toutes les bonnes raisons avancées et reproche à l'autre de rendre la situation... encore plus difficile. Il y a parfois autant de naïveté dans les rapports humains au travail qu'à l'extérieur.

Qu'on le veuille ou non, en matière de management ou de gestion des ressources humaines, tout est toujours personnel. On peut s'épuiser à vouloir définir des procédures d'évaluation objectives et scientifiques, l'évaluation restera toujours très personnelle pour celui qui la subit ; quand quelqu'un vous parle, c'est encore toujours très personnel malgré vos précautions oratoires. Il est donc vain de vouloir y échapper. On pourrait même dire que tout a tendance à devenir de plus en plus personnel. Partout dans le travail, on note que le niveau des susceptibilités a tendance à s'élever. On le note dans notre société où tout (presque tout) a tendance à devenir polémique anti-personnel ou anti-communautaire. C'est vrai dans les rapports humains de plus en plus exacerbés où la perception du déficit de reconnaissance est le sentiment le plus largement partagé. Il faudrait sans doute demander aux sociologues d'en expliquer les raisons : est-ce le développement du fameux individualisme ou la remise en cause de toute forme d'autorité ? En effet, un des avantages des formes d'autorité, c'est généralement de médiatiser la relation interpersonnelle : reconnaître le service public et le rôle de l'État, par exemple, c'est aborder le rapport au fonctionnaire autrement que comme une simple confrontation interpersonnelle.

Alors que faire ? Certains répondent à la question en tentant d'échapper à toute relation : «pour vivre heureux, vivons cachés». C'est peut-être possible pour le misanthrope dans son immeuble citadin, mais pas très réaliste pour le manager. On n'échappe pas à son rôle et l'évitement est une attitude comme les autres, presque déjà un type de relation à l'autre…

Il existe des moyens de faire semblant, d'affronter la relation sans vraiment le faire. Le premier consiste à perfectionner sans cesse des outils pour traiter les questions de personnes : questionnaires, enquêtes, recherches, audits et diagnostics en font partie. On multiplie les référentiels, les procédures et les dispositifs complexes qui servent d'*ersatz,* ou plutôt de bouclier dans les relations humaines. Un autre moyen de feindre la relation c'est d'adopter le code relationnel superficiel (CRS) de la gentillesse, de se laisser aller au sourire figé à la limite de l'obséquiosité qui permet de laisser glisser toute tension.

Affronter la réalité que tout est personnel dans le management c'est surtout faire attention à trois choses. La première c'est d'être attentif à l'autre, à ses réactions, à sa manière de voir les choses, à ses sentiments. Être attentif n'est pas simple : dans un contexte où la dérision a souvent remplacé la relation et le dialogue, il devient difficile de repérer les pensées et sentiments profonds au-delà d'une distance et d'une dérision convenues et très conformistes. Deuxièmement, il est important d'être prudent. Chacun le remarque dans le cadre des relations entre générations ou genres : c'est un sujet banalisé dans toutes les enquêtes d'opinion et débats publics compassés, mais, au quotidien, il reste souvent difficile, voire piégé, et les assauts de bonnes intentions ne font rien pour améliorer les choses.

Le troisième conseil, c'est également d'être authentique et de dire les choses. Dans le travail, comme ailleurs, on souffre de ne pas savoir, de ne pas comprendre, de ne pas dire les choses. Être un manager, ce n'est pas écouter, c'est plutôt dire les choses : c'est le moins que l'on puisse attendre de quelqu'un qui tient son rôle et assume sa mission. Écouter n'est pas une fin en soi, mais un moyen indispensable pour avoir une parole pertinente.

Quand on interroge les managers sur ce qui paraît le plus difficile dans leur travail, c'est souvent de savoir dire leurs sentiments, exprimer ce qui ne va pas, demander aux autres du feedback sur ce qu'ils font. Les managers ont du mal à parler. C'est effectivement là que se situe le problème de l'authenticité. Savoir dire les choses pour assumer de manière adulte des relations interpersonnelles, ce n'est pas se poser des questions sur le fait de s'ouvrir ou non, c'est de savoir comment le faire. Finalement, comme dans la relation amoureuse, tout réside souvent dans la manière de dire les choses. Les poètes nous ont montré combien cela pouvait être beau, mais difficile. Tout est dans la manière.

Plutôt que d'apprendre à manier des outils de management complexes, qui simplifient souvent la réalité des situations, les managers feraient mieux d'apprendre à parler, à se confronter aux situations, à assumer la relation puisque c'est là le cœur de leur métier. Plutôt que de vouloir simplifier les problèmes de management en les qualifiant de «traitement des personnalités difficiles», ils seraient sans doute plus avisés de revenir aux bases de l'apprentissage de la vie en société, consistant simplement à assumer son rôle et sa mission, même si les autres ne collent pas au modèle que l'on avait rêvé. Avec les problèmes de génération qui réapparaissent dans les organisations, ils disposent d'un excellent terrain d'apprentissage : les conflits de génération ont toujours existé et ce ne sont pas les outils de management qui les éviteront. On sait également qu'ils ne se sont jamais résolus quand les uns ou les autres n'ont pas assumé leur âge, leur rôle ou leur mission, quand les uns ou les autres ont voulu faire comme si les différences pouvaient se dissoudre dans on ne sait quelle confusion relationnelle.

Cela va-t-il sans dire ?

Quand arrive l'époque difficile des entretiens d'évaluation des performances, on entend parfois s'exprimer le soulagement des responsables : «au moins avec celle-ci ou celui-ci, c'est bien... il n'y a rien à dire». Après les décisions d'augmentations individuelles, ce chef de service faisait connaître à son collaborateur le montant de l'augmentation obtenue en collant un post-it sur l'écran de son ordinateur : « il n'y avait rien à dire, il avait obtenu ce qu'il demandait»... Combien de cadres décrivent d'ailleurs la situation idéale de management comme celle où chacun travaillerait dans son coin avec beaucoup d'expertise, de conscience professionnelle, d'assiduité et d'initiative de façon à ce qu'il n'y ait justement... rien à dire. En fait quand les livres vous décrivent le management idéal à force de pratiques, d'outils et de démarches, les personnes sur le terrain répondent simplement que leur rêve de manager serait justement de ne rien avoir... à dire : tout fonctionnerait convenablement sans qu'il y ait besoin de demander, de vérifier, de discuter, d'échanger, de supporter les conflits à régler, d'intervenir dans des relations humaines trop souvent ingrates. L'idéal du management est alors celui du vieux couple : on ne se dit rien, l'affection est si grande...

Il faut bien avouer que dans le tourbillon des activités quotidiennes chacun apprécie quand cela va... sans dire. En travaillant sur un chantier avec d'autres personnes, en montant un projet, en prenant une décision ou en la mettant en œuvre, il n'est pas rare que cela aille sans dire, tant les références sont communes, les visions partagées, les analyses, diagnostics ou pronostics évidents. Le travail est tellement agréable quand il n'y a plus à expliquer, à répéter sans cesse ce qu'il faut faire et comment il conviendrait de le faire.

De là à imaginer qu'avec de bonnes explications et une bonne formation, les choses devraient maintenant aller sans dire, il n'y a qu'un pas. Il est vrai que l'implicite est tellement important dans la vie sociale au quotidien qu'il ne serait pas possible sans partage tacite de références communes.

Dans l'entreprise, ces références communes sont plus nombreuses qu'on ne le croit généralement. C'est ce que révèlent les travaux sur la culture d'entreprise quand apparaissent les hypothèses partagées sur le travail en commun, le métier ou la vision du monde. Alors les intérêts particuliers, les conflits quotidiens ne paraissent plus être le seul horizon d'une vie sociale.

Certains espèreraient même, en ce qui concerne l'action et le management, qu'il ne soit plus, à l'avenir, nécessaire de dire. En affirmant haut et fort des valeurs, d'autant plus efficaces qu'elles sont dans l'air du temps, on espère bien qu'il n'y ait plus rien à ajouter grâce à de bons systèmes d'information et des *process* rationnels d'amélioration des opérations. Quant à la sacro-sainte transparence, la clarification parfaite des processus, des décisions, des comptes et des objectifs stratégiques, elles devraient « m'aider à ce que je n'ai enfin plus à vous dire... »

Comment se fait-il que «ne pas dire» soit devenu un rêve? Pourquoi de si nombreux cadres expriment dans les enquêtes leur rêve de travailler dans leur coin, seul avec leur ordinateur, maîtres de leur compétence, sans qu'il n'y ait rien à dire? Comment se fait-il qu'à une époque qui prétend avoir développé et amélioré la communication, le comble de la modernité soit de ne plus rien avoir à dire?

On arrêtera là les formules pouvant laisser croire que la chronique va virer à la philosophie de comptoir; mais quelques réflexions sur le management éclaireront peut-être la question.

Dans toutes les organisations, pas seulement les entreprises, chacun aime la perspective de devenir chef, manager ou cadre. Au-delà du système de retraite c'est le statut qui attire, avec tous ses attributs, quand il marque une juste reconnaissance du travail accompli, une augmentation de salaire et divers avantages statutaires. Quant il s'agit d'assumer les responsabilités d'une équipe ou de quelques collaborateurs il en va autrement. Le management rêvé, c'est quand les collaborateurs auraient été bien recrutés par la direction des ressources humaines. Ils travailleraient alors avec efficacité, concentrés sur la tâche et le résultat collectif, sans jamais poser de ces problèmes qui empoisonnent la vie. En fait, le management rêvé serait, comme dans les anciens exercices de physique des livres de classe de première, un «management sans frottement».

Malheureusement pour eux, l'humain ce n'est que du frottement: les meilleures amitiés, les plus beaux couples, les équipes les plus performantes le savent. Le travail avec d'autres est forcément affectif, même si chacun parvient plus ou moins efficacement à se retrancher derrière des outils désincarnés de communication ou des procédures censées remplacer la réalité.

Certes, certaines situations de travail paraissent fonctionner efficacement sans beaucoup d'interactions, comme si chacun avait intériorisé les missions et les objectifs (c'est le cas de l'orchestre de chambre, par exemple). Ces cas sont trompeurs car on ne mesure pas combien il a fallu de travail pour que les relations paraissent si fluides. De bonnes relations au sein d'un groupe ne se décrètent pas. Dans des équipes de sauveteurs, des orchestres, des chantiers, c'est l'expérience, et l'effort qui ont permis de ne plus rien avoir à se dire en étant malgré tout efficace. Mais quel effort continu pour parvenir à cette complicité silencieuse !

Cet effort a nécessité la répétition, la confrontation, la constitution et le renforcement de référentiels communs : se redire ce que l'on sait déjà sur le tempo et le rythme en musique, sur les coups de main dans le bâtiment, l'analyse des situations dans une bloc chirurgical ; tout cela a été appris par répétition et grâce à un réel effort. Il est une caractéristique du travail et du fonctionnement des sociétés humaines que l'on oublie trop souvent, il est capital pour la qualité du groupe de se redire ce que l'on sait déjà. C'est ce que chaque société humaine peut apprendre de la famille : voilà un lieu où l'on ne cesse de se répéter, de se redire son affection. D'ailleurs essayez d'arrêter de le faire et vous constaterez les résultats…

Se redire les choses, renforcer les références communes dans l'analyse des situations, les réactions face à la concurrence, à l'avenir, au métier, c'est le seul moyen de renforcer le lien social : quelle société humaine pourrait-elle s'en passer ? C'est le seul moyen de préparer l'avenir, de faire face plus tard à des situations difficiles. Il paraît donc bien illusoire d'imaginer que le management pourrait s'en passer, voire le déléguer à je ne sais quelle forme de coach…

Le problème d'ailleurs c'est que même sans dire, on dit beaucoup... Chacun sous-estime l'importance de ce qu'il communique en ne disant rien. Celui qui se réfugie derrière sa technicité et ses procédures, en espérant faire l'économie de la relation, se leurre le plus souvent sur le silence des autres.

Quels principes simples devrait-on en tirer ?

Le premier est de surtout communiquer quand il n'est pas nécessaire de communiquer, quand les références paraissent si communes que cela va de soi : voilà une bonne occasion de se dire, de se redire, avec l'élégance et la subtilité qui conviennent, ce qui relie et fait lien. À renforcer en permanence des références communes dans le travail, on devient plus aptes à traiter des cas plus difficiles. Il ne s'agit donc plus de se satisfaire, de ne pas avoir à dire, mais plutôt de s'obliger à renforcer en permanence ce que l'on peut avoir en commun.

C'est bien... Il n'y a rien dire ? Si justement.

Rêver d'un monde où il n'y aurait plus rien à dire tellement tout fonctionnerait de manière satisfaisante sans l'intervention de personne, cela peut se comprendre. Ce qui se comprend moins, c'est d'imaginer confier des responsabilités de gestion des personnes à des gens pour qui c'est aussi difficile et douloureux. Le mode de promotion des personnes dans les organisations valorise la compétence technique sans vraiment s'intéresser à cette compétence relationnelle. Certes, la compétence technique et les résultats donnent de la crédibilité et de la légitimité : c'est nécessaire et pas suffisant. Il faudra sans doute vérifier de plus en plus, au moment où les postes de responsabilité managériale deviennent moins nombreux dans des structures plus «maigres», si les «gestionnaires des personnes» ont vraiment les compétences pour le faire, et mieux, s'ils aiment cela. Il faudra valoriser plus encore les bonnes pratiques en matière de relations humaines. S'occuper des personnes, d'une équipe, n'est pas toujours facile : si votre patron ne vous aide pas à en parler, à évoquer le sujet, à mettre en valeur les difficultés et réussites dans le domaine, comment imaginer que ces pratiques soient reconnues et valorisées ?

Mais dire n'est pas aisé. Même dans les situations les plus personnelles de l'existence, d'aucuns ont du mal à s'exprimer. Alors quant à le faire dans le travail, cela ne va pas de soi. Il n'est pas suffisant de se donner des ordres, de prendre des résolutions et de se forcer, par conviction. On peut apprendre à dire ; dire n'est pas qu'une affaire de conviction, c'est aussi un problème de compétence. Apprendre à dire, c'est goûter le plaisir de la relation, insister moins sur le quoi que sur le comment, apprendre l'art de la conversation, consacrer délicatesse et intelligence à la manière de dire plus qu'au contenu ; c'est savoir attendre le moment, donner plus d'importance au ton, à la forme, à l'attention qui n'ont généralement de sens que pour celui qui les profère.

Il doit probablement exister des cours pour cela ; il en existera dès qu'un ouvrage à succès en aura démontré l'impératif, redécouvrant ainsi, des siècles après, ce que des générations d'honnêtes hommes avaient déjà compris. L'apprentissage commence par l'envie, par l'écoute bienveillante, mais sans complaisance de soi, par la reconnaissance de l'existence des autres dans son entourage. C'est peut-être cela le plus difficile.

La relation
au travail en rose

Le 1er avril marque la fin de l'année fiscale pour les entreprises japonaises, mais cette date correspond aussi à un grand chassé-croisé pour de nombreux cadres et employés. C'est la période où se font les promotions, les mutations et les changements d'affectation avec parfois très peu de délai d'annonce. Il n'en va pas exactement de même chez nous, mais la période de l'été y ressemble un peu. À la rentrée vont avoir lieu des changements de périmètre de poste et divers mouvements. Il n'y a qu'à regarder les messageries électroniques en été pour mesurer le nombre d'annonces de ces changements.

Le plus souvent, ces changements de fonction, de poste, de niveau, d'affectation, sont porteurs d'espoir. Dans le meilleur des cas, ils résultent de réflexions bien menées par les comités de carrière ou les responsables de ressources humaines, avec le souci du développement des personnes et en accord avec toutes les parties prenantes. L'employé de son côté, est certes un peu inquiet de l'inconnu, mais attend de ce changement une évolution de son travail, l'ouverture de perspectives nouvelles, un plus grand épanouissement et de meilleures conditions matérielles. Même si l'on est habitué aux promotions et aux changements, la stimulation de la découverte, les bonnes résolutions et les espoirs sont toujours présents. Lors de tout changement, on rêve toujours de meilleures relations humaines. Cela vaut autant pour l'entité hôte qui imagine repartir à zéro et établir de meilleures relations qu'avec le prédécesseur, que pour l'impétrant qui savoure le sentiment du redémarrage, quand tout est possible dans le cadre de relations nouvelles.

La prise d'un nouveau poste rappelle le modèle bien connu de la rentrée des classes. On repart de zéro avec des cahiers neufs et toutes les résolutions pour ne pas tomber dans les pièges qui ont progressivement pollué l'ambiance et le quotidien du travail dans les postes antérieurs. Les premiers temps laissent entrevoir le merveilleux, puis le quotidien reprend le dessus : avec le recul, il semble que les bons moments du départ, le plaisir de la découverte, la simplicité accueillante des premiers mois laissent rapidement la place à la banalité d'un quotidien moins brillant que les espoirs de la rencontre l'avaient laissé espérer. Viennent parfois la déception et le temps de la désillusion. Tous les efforts et la rationalité d'une décision de promotion ou de recrutement sérieusement prise ne sont pas satisfaits ; toutes les attentes de la part de l'employé ne sont pas de la partie non plus : les promesses n'ont pas été tenues, les espoirs étaient illusoires, les relations pas aussi satisfaisantes qu'on l'avait espéré au départ.

Alors on peut toujours accuser les recruteurs qui ont mal fait leur travail, ceux qui vous ont trompés dans la présentation du poste, la dissimulation du candidat, les intentions cachées de tel ou tel décideur ; on peut se reprocher de n'avoir pas prévu, de n'avoir pas bien regardé les placards avant d'arriver, de ne pas avoir repéré telle ou telle stratégie pourtant tellement évidente. Mais toutes ces causes, même si elles sont réelles, sont secondaires. Il en va de la relation au travail comme des autres relations humaines. Ces phases d'espoir, d'illusion, de lune de miel et de déception ne sont pas particulières à la relation au travail. Il n'est donc pas inutile de regarder ce que nous donnent comme clés de compréhension, d'autres formes de relation humaine, pour en tirer quelques enseignements.

Parmi celles-ci, la relation amoureuse est intéressante. Plusieurs sociologues en ont fait un paradigme pour expliquer ce qui se passe entre les personnes, dans des contextes très différents[23]. La relation amoureuse peut procéder du hasard de la rencontre fortuite entre deux personnes ; elle suit des phases nombreuses avec des moments forts d'exaltation, mais aussi de déception. C'est une relation qui peut parfois être durable même si sa forme et son contenu varient et évoluent.

Les spécialistes de la relation amoureuse distinguent deux phases qui se répètent inexorablement quels que soient les lieux ou les époques. Vient d'abord le temps de la romance : c'est le coup de foudre, le moment où les deux ont l'impression de ne faire qu'un.

© Groupe Eyrolles

---

23 Padioleau J. G., *L'ordre social*, L'Harmattan, 1980.

On vit, de manière fusionnelle, l'accord parfait sur l'essentiel ou le plus banal du quotidien. Évidemment, cette situation devrait durer toujours : c'est un but et une conviction, tellement la force de cette romance laisse imaginer aux protagonistes qu'ils sont les seuls dans l'Histoire à l'avoir vécue. Ce moment de romance est délicieux, il se produit toujours même si chacun le vit à son rythme. Plus encore, il est nécessaire : quelle perte pour ceux qui n'en ont pas eu la chance ! En pleine romance, on se sent pleinement reconnu et on perçoit l'autre comme jamais auparavant : c'est donc une découverte de soi et de l'altérité.

Après quelque temps, la romance fait place à la désillusion. Les désaccords apparaissent ; l'autre révèle des facettes qui ne coïncident pas totalement avec son modèle idéalisé. Le rêve de la fusion s'effrite. L'autre ne réagit pas exactement comme on le voudrait, il marque son insatisfaction, exprime des désirs que la relation fusionnelle ne semble pas combler. Cette désillusion est parfois terrible : on l'avoue, on l'occulte, on s'en culpabilise, elle vous rend la vie impossible. Évidemment dans la relation amoureuse, la désillusion conduit aux situations que l'on connaît allant de la brouille au crime passionnel en passant par tous les stades intermédiaires de la scène de ménage et du divorce.

Il en va un peu de même dans la relation au travail. Avant une prise de poste, les protagonistes se sont rencontrés, ils se sont mis d'accord. Les pourvoyeurs du poste présentent leurs objectifs et leurs projets ; le candidat s'est présenté au mieux de ses compétences et de son apparence. Les discussions à ce moment là sont souvent franches et directes, chacun essayant de faire la meilleure impression, de témoigner de sa bonne volonté. Les premiers temps sont sans problème : on découvre, on teste des idées reçues par l'autre avec écoute et indulgence. Dans les situations de recrutement, les discussions après la décision illustrent la fusion de la romance : les relations sont apparemment sans ombre, chacun pris dans le miel d'une rencontre, après les affres de la sélection, au point qu'on s'étonnera d'avoir manqué l'évidence des stratégies de chacun, de leurs défauts ou de leur personnalité.

Bien entendu, la désillusion existe dans la relation au travail. Les objectifs qui vous avaient été présentés ne sont plus aussi évidents dès que vous êtes en poste et vous prenez conscience de tous les problèmes quotidiens qui en rendent la réalisation difficile. Les bonnes relations avec ses futurs collègues et dirigeants ne s'avèrent pas aussi idylliques : vous n'aviez pas vu certains aspects moins glorieux de leurs stratégies ou de leur personnalité. Que dire des entreprises qui rêvent quand elles recrutent comme une matrone qui endosse des vêtements de mannequin ? C'est le cas de cette entreprise qui veut un DRH, mais s'arrange pour le virer dès qu'il commence de faire le travail de fond discuté lors du recrutement. On embauchait un DRH parce que cela faisait bien, mais fondamentalement c'est un chef de personnel d'usine que l'on voulait... Et le candidat ne l'avait pas perçu dans les discours «managérialement» corrects qui lui avaient été tenus.

Dans la relation au travail aussi on peut s'en tenir à la désillusion : on part ou on licencie, de toutes les manières qu'il est possible de le faire. Les séparations ne sont pas toujours aussi brutales. De la même manière que l'on reste ensemble pour les enfants, il y a mille et une manières de feindre des relations de travail normales. On a le minimum de relations obligées, on se critique ouvertement ou non, on ronge son frein en silence en investissant ailleurs.

Toutefois les spécialistes de la relation amoureuse nous disent que si romance et désillusion surviennent immanquablement, elles ne constituent pas un horizon indépassable. La désillusion peut se surmonter. Dans un couple, il existe un moment où on peut aussi décider de construire quelque chose ensemble, où l'on peut aussi décider de s'aimer. La formulation peut surprendre et apparaître comme un oxymore. Elle renvoie pourtant au plus concret des relations humaines : celles-ci dépendent certes de la magie du coup de foudre, de la séduction, de la chimie de la rencontre, mais ne se réduisent pas à la fatalité des désillusions. Il existe des moments dans les relations où chacun doit aussi décider de construire. La relation avec les enfants en est un bon exemple.

En matière de relation au travail également, il faudrait aussi parfois décider de construire la relation. Dans ce cas on ne se satisferait pas des facilités consistant à dire que les relations au travail sont forcément perverses (les études montrent d'ailleurs que ce n'est pas la perception la plus répandue), on ne réduirait pas le travail seulement à un moment de souffrance, de harcèlement ou d'horreur. On considérerait que l'autre au travail est tout aussi digne d'une relation que son congénère d'un club de vacances…

Pour construire une relation au travail, trois conditions doivent nécessairement être remplies.

Premièrement, c'est une décision des deux parties. Chacun est obligatoirement partie prenante : on ne peut simplement reporter sur l'autre la responsabilité de l'amélioration de la relation, ni sur les règlements, ou le management, ou les employés, ou l'évolution de la société, ou les 35 heures, ou l'individualisme ambiant, etc.

La deuxième condition consiste à faire le deuil de l'idéal inaccessible. En matière de relation, cet idéal n'existe pas plus dans le travail que dans une copropriété, un camping ou une famille, pas plus pour l'employé, que pour le manager ou le patron. On peut le déplorer, ou l'utiliser comme prétexte pour se retirer sur son Aventin, mais telle est la réalité, pas toujours facile à admettre comme le montre l'exemple de certains jeunes diplômés. Ils ont parfois du mal à admettre que leur situation est loin des chimères qu'ils s'étaient forgées ; ils racontent des situations sans doute critiquables, mais leurs discours révèlent surtout une difficulté à faire le deuil de rêves souvent irréalistes. Il en va de même pour ces employeurs qui se sont laissés abuser par des illusions d'efficience absolue de chacun et ne savent plus contribuer au lent apprentissage que nécessite chaque personne à chaque poste.

La troisième condition, c'est de se mouiller. Décider de construire une relation demande de s'investir, c'est sans doute le plus difficile. Et cette responsabilité doit être partagée. C'est celle de l'entreprise qui prend conscience qu'elle est, *volens nolens*, une communauté sociale : on ne peut donc pas la faire fonctionner seulement comme une machine à produire du résultat. Une des plus grandes difficultés des entreprises aujourd'hui n'est pas seulement d'avoir des dirigeants dont la « communauté sociale » n'est pas le souci, c'est aussi d'avoir des salariés qui n'en éprouvent plus le besoin… La nécessité de se mouiller concerne aussi tous les dirigeants, quel que soit leur niveau. Les études montrent que l'aspect « relationnel » de leur fonction n'est pour eux ni le plus intéressant, ni le plus valorisé. C'est enfin à chaque salarié de s'impliquer dans la construction de cette relation : la relation au travail, comme dans d'autres domaines, requiert un engagement. On peut trouver des prétextes pour ne pas le faire, mais on ne peut en ignorer la nécessité.

QUIZZ

Ce quizz vous permet de vérifier la bonne compréhension des textes développés dans cet ouvrage. En aucun cas les réponses aux questions ne peuvent être généralisées en dehors du contexte des textes que vous venez de lire... Mais il peut être utile de conserver une bonne idée des réponses.

	OUI	NON	CELA DÉPEND
1 Préférez-vous un collègue compétent mais désagréable ou un autre agréable mais incompétent ?			
2 Est-il normal d'être déçu dans les relations humaines ?			
3 Devez-vous vous investir dans vos relations avec les collègues ?			
4 Disposez-vous de moyens ou de pratiques personnels vous permettant d'entretenir les relations humaines ?			
5 De mauvaises relations humaines créent du stress.			
6 La satisfaction des personnes est-elle un objectif en soi ?			

7 Ne rien avoir à dire dans les relations au quotidien est-il parfois un rêve?			
8 Vous arrive-t-il de penser que tout serait quand même plus facile si les gens fonctionnaient en adultes?			
9 Y a-t-il une approche positive et utile des bonnes manières et de la politesse?			
10 Cela vous arrive-t-il de dire «Il n'y a rien de personnel»?			
11 Gérer les relations humaines au quotidien est difficile.			
12 Le management de proximité n'apporte que peu de satisfactions.			
13 Votre DRH doit-il s'occuper de relations humaines?			
14 Faut-il s'atteler à travailler sur les relations humaines, sans objectif immédiat, simplement pour la confiance que crée l'ambiance?			
15 Il faudrait que l'entreprise fasse un peu plus en matière de procédures pour améliorer les relations humaines.			
16 Cela vous arrive-t-il de dire «Laissons les questions de personnes de côté»?			
17 Disposez-vous de moyens ou pratiques personnelles qui vous permettent d'améliorer vos relations humaines?			
18 Les relations humaines, cela requiert des efforts.			
19 Tout est toujours personnel.			
20 Diriez-vous, qu'en matière de relations humaines, seules les intentions comptent?			

21 Cela vous arrive-t-il de dire «Restons-en au niveau des faits, sans émotion» ?			
22 Les gens autour de vous ne se considèrent jamais assez reconnus.			
23 Appréciez-vous de tutoyer et de l'être ?			
24 Vous arrive-t-il souvent de rêver de travailler seul, sans toutes ces relations obligées ?			
25 Il y a plus à perdre qu'à gagner à partager ses intentions.			
26 Diriez-vous que les aspects physiques influent sur la qualité des relations humaines avec les autres ?			
27 Disposez-vous de moyens ou pratiques personnels qui vous permettent de savoir évaluer vos relations aux autres ?			
28 Avez-vous repéré les «affective hubs» de votre organisation ?			
29 La politesse améliore les relations humaines plutôt qu'elle ne les gêne.			
30 Des relations humaines satisfaisantes sont-elles un indicateur suffisant de leur qualité ?			
31 Du stress est lié à la perception d'un équilibre difficile entre vie personnelle et vie professionnelle.			
32 Il y a plus à perdre qu'à gagner à demander aux autres ce qu'ils perçoivent de vos intentions.			
33 Il y a un lien entre le stress et des difficultés dans le management de proximité.			
34 Peut-on être heureux au travail sans de bonnes relations humaines ?			
35 Le tutoiement vous paraît-il le signe de bonnes relations humaines ?			

36 Peut-on changer les comportements du quotidien pour améliorer les relations humaines ?			
37 Pensez-vous que les relations humaines requièrent de la prudence ?			
38 Vous arrive-t-il souvent de dire « Ce qui va sans dire » ?			
39 Ses propres compétences en la matière sont-elles un signe de performance aussi important que sa maîtrise du droit et des process ?			
40 Peut-on devenir « bon » en matière de relations humaines ?			

Postface : Les 11 tributs aux relations humaines

On ne peut attendre que de bonnes relations s'imposent comme par enchantement. Même si elles s'établissent spontanément dans différentes situations de l'existence, le problème est de les faire durer. À la différence des clubs de vacances, les situations de travail vous imposent parfois des relations dans la durée d'un banal quotidien dont il est difficile de divorcer. Pour affronter cette question, il faut donc déplacer son regard et payer quelque tribut aux relations telles qu'elles existent dans notre contexte anthropologique et non telles qu'on les craint ou telles qu'on les rêve.

Le travail est relation

La relation aux autres est une partie intégrante de l'activité professionnelle. Soit elle compose ce qui est vendu, comme dans la prestation de service, soit elle fait partie du dispositif opératoire. Plus encore, comme le travail s'effectue avec d'autres, pour la plupart d'entre nous, il donne de multiples occasions de relations. Bien évidemment, certains emplois donnent lieu, plus que d'autres, à des relations : on pense aux emplois commerciaux ou de service comparés à ceux d'experts solitaires ou d'artisans. Mais même dans cette diversité, la relation est toujours présente.

La relation constitue une part importante de l'expérience vécue au travail. Sa bonne qualité peut rendre le travail agréable, mais de mauvaises relations en font un véritable cauchemar : au point de vous empêcher de dormir, de vous polluer le quotidien ou de créer des besoins en pharmacopées diverses. De bonnes relations sont non seulement plus agréables à vivre et enrichissantes, mais, plus encore, elles contribuent à une attitude positive vis-à-vis de l'activité elle-même. C'est finalement ce qui manque le plus quand on arrête de travailler, pour partir en retraite, par exemple.

Les relations humaines au travail ne se limitent pas aux rapports entre collègues ou avec un supérieur hiérarchique. Il y a les relations avec les clients, les fournisseurs et les autres salariés, qui ne sont d'ailleurs pas forcément les collègues avec lesquels on est obligé d'interagir.

Finalement, le travail est relation. Pas celles que l'on a forcément rêvées, pas celles que l'on a toujours choisies. De la même manière que l'on apprend à vivre, on fait aussi un apprentissage des relations au travail. Dans les circuits de formation, d'apprentissage ou d'intégration traditionnels, cela se fait naturellement. Il serait dommage d'oublier, dans les formations professionnelles aujourd'hui que cet apprentissage est capital. Il ne se fait pas à distance ni par Internet...

Les relations sont un carburant d'efficacité

Une organisation n'est pas seulement un ensemble de robots suivant fidèlement les modes d'emploi et manuels de procédures auxquels ils ont été programmés. Il serait peut-être rassurant d'imaginer que des *process* bien définis suffisent à enjoindre aux personnes ce qu'elles ont à faire. Ce n'est pas la réalité. Dès que des personnes sont rassemblées en un même lieu, les relations qu'elles tissent déterminent non seulement la qualité de leurs échanges et la satisfaction qu'elles en tirent, mais aussi l'efficacité de leur «commerce».

Nos structures se sont complexifiées. La seule relation hiérarchique ne suffit plus à décrire les rapports entre des personnes dans une entreprise. On a des relations fonctionnelles, de conseil, de coopération au sein d'équipes à géométrie variable. Le mode de relation varie d'une personne à l'autre, voire avec la même personne au fil de la réalisation d'une activité. Ce n'est pas la définition subtile de ces variations relationnelles qui importe, mais plutôt la qualité de ce que les personnes ont réussi à tisser entre elles. Les organisateurs se vantent de la sophistication des structures qu'ils définissent sur PowerPoint, mais ces formalisations rationnelles ne sont que nécessaires, jamais suffisantes. Le véritable carburant de toutes les organisations, même les plus complexes et les plus automatisées, outillées, «procédurisées», c'est la qualité des relations humaines.

Certains rêvent parfois d'organisations aux liens juridiques plus lâches avec les employés; pourquoi même ne pas faire varier l'effectif en fonction de l'activité? Cela procède d'une bonne gestion et garantit des bons résultats, exactement au même titre que le buffet à volonté, les gentils animateurs et le long catalogue d'activités garantissent le succès de la semaine en club de vacances... La seule différence, c'est qu'en club de vacances, on n'y reste qu'une semaine.

Le succès à long terme s'obtient en investissant sur la qualité des relations. D'ailleurs, en y réfléchissant bien, le travail n'est pas le seul domaine où cette règle concernant la qualité des relations s'avère pertinente...

Dans les relations au travail, tout est toujours personnel

Une des illusions les plus courantes dans les relations humaines, au travail ou ailleurs, c'est d'être dépendant des autres pour l'atteinte de ses propres objectifs sans vouloir rien changer ni détériorer de cette relation. On aimerait pouvoir dire à un collègue que son travail ne correspond pas à nos attentes, sans que cela ne modifie la bonne relation que l'on a avec lui. On aimerait resquiller dans la file d'attente et espérer que l'autre conservera toute sa bienveillance envers vous. On pourrait multiplier les exemples dans tous les compartiments de l'existence, et bien entendu dans l'entreprise.

Comme une entreprise (une administration, une association, etc.) est une organisation qui doit produire du résultat, les relations sont évidemment contraintes vers une réalisation qui est toujours une compétition contre le matériau, les concurrents ou les lois de la nature. Les relations de travail sont donc souvent rudes, directes, ciblées. Il suffit de voir fonctionner les cuisines d'un grand restaurant, les vestiaires d'un club sportif, la mise en place d'un supermarché ou un séminaire de suivi doctoral pour se rendre compte combien la réalisation de la tâche nécessite des relations interpersonnelles dures en apparence, qui ne sacrifient pas totalement aux canons de la politesse coutumière.

Dans nos organisations, on espère alors que des règles, des procédures et des systèmes techniquement satisfaisants vont permettre de gérer ces relations sans que la dimension personnelle ne soit touchée. Ainsi de bons entretiens d'évaluation des performances pourraient être suffisamment outillés pour que l'examen « objectif et dépassionné » des résultats puisse se faire, afin d'en tirer les meilleures conséquences possibles pour le développement personnel de chacun !

Cela tient bien évidemment d'une illusion totale. Dans les relations tout est toujours personnel, au travail comme ailleurs. Dans une relation ce sont les personnes qui sont en jeu, qui sont touchées et en devoir de réponse. Il est donc illusoire que des outils, des avocats ou autres coachs puissent éliminer cette dimension. Elle est forcément présente. Le problème n'est pas d'éliminer cette dimension personnelle, mais de savoir qu'elle existe et d'essayer de la prendre en compte le mieux possible. Le problème n'est pas de savoir manipuler à court terme de quoi faire passer le message, mais de construire une relation qui donne les crédits suffisants pour assumer les moments difficiles.

Personne n'aime s'entendre dire qu'il ou elle n'est pas bon(ne), mais il y en a à qui vous reconnaissez la légitimité de le dire et à d'autres non.

En matière de relations humaines, il n'y a que les intentions qui comptent

Comme pour les cadeaux, seules les intentions comptent en matière de relations humaines. Cela contredit le principe pragmatique, si souvent enseigné, selon lequel seules les actions importent. Et pourtant! En regardant autour de soi, on est parfois surpris de ce que les gens font dans leurs relations personnelles, au travail ou dans la vie courante. Dans le meilleur des cas on essaie de comprendre et on s'aperçoit que les intentions de la personne sont si éloignées de ce que l'on a perçu de l'acte. Mais chacun agit selon ses intentions, en imaginant, pour la plupart, qu'elles sont bonnes puisque ce sont les leurs.

Plus que cela, on est généralement aveuglé par ses propres bonnes intentions au point que l'on n'imagine même pas que l'autre ne les ait pas repérées, élucidées. Il est arrivé à chacun de reparler d'événements passés : on est alors surpris de la manière dont d'autres ont perçu vos actes et discours. Il est donc très important de toujours clarifier ses intentions. Cela se fait sur le moment mais aussi dans le droit fil de ce qui est vécu au quotidien. Il ne faut pas se justifier pour que les personnes adhèrent à nos intentions, comme on le fait souvent, mais les expliciter avec le tact et l'élégance qui sied à la situation. Ce qui nous empêche souvent de le faire, c'est la crainte que l'autre n'y souscrive pas.

Les intentions sont au cœur des relations humaines parce que l'autre ne réagit jamais à ce que vous dites ou faites, mais aux intentions qu'il vous prête quand vous dites ou faites. Cela explique les problèmes de communication. À une époque où tout le monde se croit adulte, objectif et, évidemment débarrassé de tous les préjugés qui relèvent d'autres époques, cette affirmation peut agacer. Pierre Desproges disait que l'on peut rire de n'importe quoi mais pas avec n'importe qui : il avait raison. Notre approche des relations a du mal à se débarrasser des intentions que l'on prête aux personnes. Quand votre patron ou votre collègue vous disent que votre projet est en retard de deux semaines, la même affirmation n'a pas le même sens, ne provoque pas les mêmes réactions émotionnelles…

On n'aura donc jamais passé assez de temps à clarifier, expliquer mais surtout à créer les conditions d'une meilleure compréhension de ses propres intentions. Si certains responsables l'avaient compris, ils passeraient un peu plus de temps sur le terrain ; la règle peut aussi s'appliquer à certains syndicalistes.

En matière de relations humaines, il n'y a pas que de bonnes intentions

Si la notion de harcèlement a connu un tel succès, c'est sans doute parce qu'elle a permis à certains de nommer ce qu'ils avaient vécu à un moment ou un autre. Ils se sont aperçus que la souffrance du harcèlement ne leur était pas imputable, mais relevait de relations malsaines. D'ailleurs, l'ouvrage du docteur Hirigoyen, qui popularisait la notion, ne concernait que marginalement les situations de travail. Le harcèlement est en effet présent partout, aussi bien dans les relations hiérarchiques que dans les rapports entre collègues – même si, sur cette question, le droit et la jurisprudence laissent croire qu'il serait réservé aux chefs vis-à-vis de leurs collaborateurs. Finalement toutes les relations humaines ont leur PH (Potentiel de Harcèlement).

Les relations de travail sont bien entendu envahies de jalousie, de tentative de domination, de perversité, etc. Ce sont des relations comme les autres, elles n'ont donc rien de plus ni rien de moins. On ne peut pas les aborder avec naïveté mais avec prudence et distance, exactement comme dans les autres domaines de la société. Il est tout aussi vain et irréaliste de se laisser aller à l'angélisme qu'au cynisme en matière de relations de travail.

On y trouve de la délinquance comme ailleurs. Malgré tous les systèmes de sécurité, nombreux sont les lieux de travail qui subissent des vols. Chacun se promène maintenant avec son portable et son portefeuille en évitant de le laisser au bureau. On y trouve les complots, les «peaux de banane» aux collègues, la dérision, la calomnie, le mensonge. Il suffit de lancer le sujet des relations humaines au bureau pour allonger la liste des turpitudes qui caractérisent les relations entre collègues dans le contexte du travail.

On ne doit donc pas avoir une vision trop idéaliste des relations humaines. Curieusement, cet aspect des relations de travail ne donne pas lieu à beaucoup de commentaires. Le discours officiel de l'entreprise est celui de la maîtrise et de l'harmonie des relations. Toute mention aux perversités relationnelles risquerait de détériorer le climat plutôt que de l'améliorer, et comme dans les familles, on préfère laver son linge sale en privé et feindre de ne pas voir ce que l'on ne saurait traiter. Du côté des syndicats, on ne le mentionne pas non plus : les perversités dans les relations sont réservées aux directions et au management de l'entreprise et on ne peut donner l'impression de pointer les défauts de ses adhérents.

On n'est donc pas prêt, dans les entreprises, de s'intéresser à ce sujet, mais rien n'empêche d'être averti : ne pas se bercer d'illusions à leur endroit est le meilleur moyen de construire de bonnes relations humaines.

Les risques de bonnes relations : le principe de la locomotive

Les bonnes relations constituent une sorte d'idéal comme la santé, la jeunesse ou l'harmonie. En en rêvant, on imagine une espèce d'état stable où les pendules se seraient arrêtées sur un bonheur extatique partagé. Cela ne correspond évidemment pas à la réalité. De bonnes relations sont d'une part fragiles : il faut toujours travailler à leur maintenance. D'autre part, elles ont également leurs inconvénients.

C'est ce qu'illustre le principe de la locomotive selon lequel un tel engin avance d'autant plus vite qu'il n'a pas de wagons. Cette image provient de l'observation de nombreuses situations d'équipes, de direction en particulier, où les relations étaient très bonnes entre des personnes qui s'étaient choisies, mais ces dernières faisaient aussi très attention à cultiver la qualité de leurs interactions. Le problème est qu'ils se coupaient progressivement du reste de l'entreprise. Ils se confortaient mutuellement dans une vision de l'entreprise, du marché, de la stratégie et n'éprouvaient plus le besoin de le confronter à l'extérieur. Ils s'encourageaient, se congratulaient, se renforçaient tellement dans leurs convictions qu'ils se refermaient sur eux-mêmes sans s'en apercevoir.

Il ne s'agit assurément pas de chercher à rendre plus difficiles les relations pour éviter cette coupure. La morale de l'histoire est plutôt de créer des conditions pour s'assurer que les bonnes relations ne sont pas uniquement le moyen bien légitime de se procurer de la satisfaction, mais qu'elles produisent également du résultat. Chercher l'ouverture sur d'autres personnes en est un moyen, comme de se confronter à des challenges et des situations nouvelles.

Finalement les bonnes relations, c'est comme le vélo : on tombe quand on s'arrête de pédaler. Il faut toujours les mettre en tension pour qu'elles perdurent. Il est vraisemblable que les théoriciens de la relation amoureuse ont dû découvrir cela depuis très longtemps : décidément, en matière de management, on est toujours un peu en retard…

Cela ne va jamais sans dire

La langue française compte parmi ses belles expressions le « cela va sans dire ». Elle caractérise des situations évidentes où tout va de soi, où la parole ne peut rien ajouter. On pense à des situations émotionnellement très fortes où une mise en scène, un regard et l'expression d'un visage suffisent à épuiser le sens au point que toute parole supplémentaire viendrait réduire plutôt qu'amplifier la situation. Tout cela est bien juste dans de nombreux moments importants de l'existence que les bons metteurs en scène savent exprimer au cinéma.

Ce n'est peut-être pas aussi vrai dans le quotidien des relations. En effet, on voit beaucoup plus de cas où tout aurait été plus simple si l'on avait parlé, si on avait annoncé ce qui paraissait évident. Il y a trop de moments où chacun se complaît à penser qu'il a été assez clair, précis et que de toute manière, cela allait de soi. On le voit bien dans ses relations commerciales où la moindre difficulté dans le cours du contrat fait émerger ce que l'on n'avait pas jugé utile de dire... Il en va de même dans les relations individuelles au travail. Les spécialistes du management ont insisté sur le feed-back, la nécessité d'entretiens réguliers et de rencontres : c'est sans doute pour rendre plus explicite ce que l'on préfère souvent laisser implicite par peur ou incapacité à le nommer.

Il ne faudrait bien entendu pas croire que seule la parole compte. Il n'en est rien. Il y a certainement ces situations évoquées en début de paragraphe. Il y a aussi tous ces moments où l'on parle effectivement, mais d'une manière qui contredit totalement le contenu du message. L'authenticité dans la posture, le regard, les mots utilisés et évidemment tout le contexte passé de la relation donnent assurément du crédit à ce qui peut être dit. Cela s'apprend aussi.

En tout cas, dans les relations de travail, où l'autre n'est pas choisi, dans le contexte de travail qui est complexe et dangereux au plan personnel, on gagne plutôt à exprimer ce que l'on pense, ce que l'on ressent. Les codes modernes de la relation invitent à utiliser le «tu» : on peut se demander si en matière de relations au travail, on ne gagnerait pas à plus utiliser le «je» pour exprimer ce que l'on ressent. Cela éviterait parfois bien des incompréhensions.

La clé de l'authenticité

L'authenticité est sans doute ce dont les relations humaines ont le plus besoin. Elle n'est pas facile parce que les convenances, les modes ou les illusions tiennent souvent lieu de guide dans la manière de gérer ses relations au quotidien. Les nombreuses formations en sont l'exemple : elles ont eu parfois tendance à diffuser une image de relations faciles et gentilles dans l'écoute, la participation, la délégation qui ne résistait pas longtemps au retour à la réalité.

En matière de relations humaines, il n'y a pourtant pas de modèle. Tous ceux qui se forcent à en appliquer savent bien qu'ils ne changent rien de fondamental à leur relation aux autres. Au travail comme ailleurs, les 10 attitudes ou comportements clés ne servent à rien. Récemment, une autre tendance est apparue, celle des relations simples, franches, décontractées, manifestées par l'utilisation du « tu » qui était censé instituer comme par magie, des relations meilleures. Là encore il n'en est rien.

S'il suffisait de plaquer quelques codes relationnels superficiels pour améliorer les relations humaines, cela se saurait. Avant des modèles, les relations ont surtout besoin de l'authenticité de chacun sur laquelle seule peut se construire une relation satisfaisante. Avec cette notion d'authenticité, on touche aux questions de l'identité, de la reconnaissance et de l'affirmation de soi. Il n'y a de relation que si deux personnes interagissent. Encore faut-il le vouloir. Encore faut-il le pouvoir. Dans des organisations dont on a surtout appris à se méfier, faire preuve d'un minimum d'authenticité dans la relation paraît dangereux à beaucoup et l'on préfère se protéger derrière des attitudes convenues.

Bien entendu toutes les aides à de meilleures relations sont utiles pour autant qu'elles aident quelqu'un à s'affirmer et ne constituent pas qu'un modèle simpliste à imiter. Mais elles ne peuvent produire leurs effets positifs que s'il existe un minimum d'engagement personnel dans la relation. À l'heure où tant de pseudos et de moyens électroniques de communication permettent de garder une grande distance dans la relation, il n'est pas évident que cet engagement minimum aille toujours de soi.

Les relations sont aussi matière d'expérience

Dans une étude[24] il apparaissait que sur un échantillon de directeurs des ressources humaines, les plus sensibles aux questions humaines, les plus « intelligents » dans les questions personnelles, les plus pertinents dans l'approche des questions relationnelles étaient les plus anciens et les plus âgés. Ils tranchaient sur des responsables plus jeunes et plus séduits par la technicité de leur fonction et leur rôle d'agent de changement. On peut alors se demander si les formations anciennes étaient meilleures que les actuelles, si les modes de gestion de carrière également se sont détériorés au fil des ans.

Il n'en est évidemment rien : la seule différence entre les deux populations des plus jeunes et des plus anciens, c'est que les seconds ont une plus longue expérience des relations humaines dans leur fonction. Ils ont ainsi gagné en intelligence des comportements humains. Ils savent repérer le vrai derrière les apparences, ils gagnent en tolérance vis-à-vis de chacun, parce qu'ils ne se laissent

24 Thévenet M., *Gestion des personnes : la parole aux DRH*, Éditions Liaisons, 2004.

pas abuser par les jeux, les façades, les faux-semblants qui sont le lot de la comédie humaine. Ils savent plus facilement repérer une certaine vérité derrière le jeu social ce qui vient avec l'expérience : voilà une qualité qui ne vient qu'avec l'âge.

Si les relations s'améliorent avec l'âge, on peut s'interroger sur les lieux dont on dispose aujourd'hui pour développer notre compétence relationnelle. S'il faut une vie sociale et de la durée pour développer ses compétences relationnelles, quels sont les lieux sociaux qui apportent ces deux caractères aujourd'hui ? Si les nouveaux recrutés n'ont pas eu ces occasions durant leur formation, comment les entreprises vont-elles leur permettre d'acquérir progressivement la maturité personnelle qui facilite les relations ?

Plutôt que d'investir dans des systèmes de plus en plus sophistiqués de détection des compétences − comme si elles existaient forcément - on pourrait aussi s'assurer que de jeunes professionnels aujourd'hui acquièrent dans leur carrière les occasions de développer leur compétence relationnelle. Si tel était le cas, on aurait sans doute moins besoin de cellules psychologiques dans les entreprises.

Les relations humaines, c'est du travail

Finalement, ce dont l'approche des relations humaines doit avant tout se débarrasser, c'est d'une approche magique. Ainsi fonctionnent ceux qui considèrent que de bonnes relations sont un dû, qu'elles devraient normalement découler d'une organisation bien gérée. Ainsi fonctionnent également ceux qui se lamentent sur de mauvaises relations au travail en attendant des autres ou d'un autre leur amélioration.

Pourtant des relations satisfaisantes au travail n'ont rien de naturel. Elles demandent du travail, de l'effort, de la persévérance. Il est trop facile d'attendre des autres qu'elles s'améliorent. On peut alors se demander que faire. Il y a probablement trois niveaux d'action.

Le premier concerne soi-même. On ne peut assumer de bonnes relations si l'on n'a pas un minimum de connaissance de soi et d'acceptation de soi. Cela donne la distance minimum dont on a besoin pour mener des relations. Nos organisations du travail et modes de management permettent-ils aujourd'hui à des personnes ce développement personnel nécessaire ? Cela semble une préoccupation bien décalée pour des organisations soumises aux contraintes économiques des marchés actuels. On peut donc ne pas vouloir se poser la question, mais elle reste bien entière.

Le second niveau de travail concerne l'engagement dans la relation. Cela réclame de l'écoute. Cela demande aussi de savoir exprimer clairement ce que l'on pense et ressent, selon des modalités qui sont audibles. En effet, la difficulté n'est pas de s'exprimer - il existe de nombreux exercices à pratiquer pour ceux qui n'en ont pas l'habitude - mais de créer les conditions pour que ce soit entendu et que cela crée de la relation, au lieu de l'avorter.

Le troisième niveau de travail est celui de la durée. Les relations s'apprennent dans la durée. Ce n'est pas en imaginant pouvoir changer d'interlocuteur, de collègue, de supérieur ou de subordonné dès qu'il y a un problème que l'on apprend beaucoup. Finalement pour beaucoup de personnes aujourd'hui, le travail est un des rares lieux où les relations ont quelque durabilité. Voilà un vrai tribut à payer à de bonnes relations : assumer la durée...

Les relations au travail
ou l'art de manier les couleurs

Les peintres savent utiliser les couleurs, les observer, les reproduire, les créer, les marier. Il y a quelque chose du peintre dans l'approche des relations. Elles ne sont pas d'une couleur unique, mais en révèlent une palette sans fin.

Il ne faut donc pas les noircir. On peut certes avoir une approche totalement cynique des relations humaines, un monde où chacun de rechercherait que son intérêt, où la fin justifierait toujours les moyens, mais toutes les relations ne peuvent tenir dans cette approche.

Il ne faut pas en donner une approche trop rose. Même les familles où les liens sont apparemment forts, affectivement fondés, on voit apparaître le pire que décrivent si bien les écrivains. Il n'en va pas différemment au travail. La prudence est donc ici de rigueur, comme ailleurs.

Résultats du QUIZZ

	OUI	NON	CELA DÉPEND
1			x
2	x		
3	x		
4	x		
5	x		
6		x	
7		x	
8		x	
9	x		
10		x	
11			x
12		x	
13	x		
14	x		
15		x	
16		x	
17	x		
18	x		
19	x		
20	x		
21		x	
22	x		
23			x
24		x	
25		x	
26	x		
27	x		
28	x		
29	x		
30		x	
31	x		
32		x	
33	x		
34			x
35			x
36	x		
37	x		
38	x		
39	x		
40		x	

Notes

Notes

Notes

Notes

.

· ·

· ·

· ·

· ·

· ·

· ·

· ·

· ·

· ·

· ·

· ·

· ·

· ·

Notes

. . . .

. . . .

. . . .

. . . .

. . . .

. . . .

. . . .

. . . .

. . . .

. . . .

. . . .

. . . .

. . . .

Notes

Notes

www.ingramcontent.com/pod-product-compliance
Lightning Source LLC
Chambersburg PA
CBHW072233290326
41934CB00008BA/1272